A VIDA TEM UM PROPÓSITO MAIOR

Editora Appris Ltda.
1.ª Edição - Copyright© 2025 dos autores
Direitos de Edição Reservados à Editora Appris Ltda.

Nenhuma parte desta obra poderá ser utilizada indevidamente, sem estar de acordo com a Lei nº 9.610/98. Se incorreções forem encontradas, serão de exclusiva responsabilidade de seus organizadores. Foi realizado o Depósito Legal na Fundação Biblioteca Nacional, de acordo com as Leis nos 10.994, de 14/12/2004, e 12.192, de 14/01/2010.

Catalogação na Fonte
Elaborado por: Dayanne Leal Souza
Bibliotecária CRB 9/2162

S586v
2025
	Silva, Fernanda Kruschewsky Pedreira da
	   A vida tem um propósito maior / Fernanda Kruschewsky Pedreira da Silva; Colaboradores: Elaine Ferreira da Silva Oliveira ... [et al.]. – 1. ed. – Curitiba: Appris, 2025.
	   171 p. : il. ; 21 cm.
	
	   ISBN 978-65-250-7362-0
	
	   1. Educação. 2. Família. 3. Propósito. 4. Superação. I. Silva, Fernanda Kruschewsky Pedreira da. II. Oliveira, Elaine Ferreira da Silva. III. Título.
	
	                                                        CDD – 370

Editora e Livraria Appris Ltda.
Av. Manoel Ribas, 2265 – Mercês
Curitiba/PR – CEP: 80810-002
Tel. (41) 3156 - 4731
www.editoraappris.com.br

Printed in Brazil
Impresso no Brasil

FERNANDA KRUSCHEWSKY PEDREIRA DA SILVA

COLABORADORES:
ELAINE FERREIRA DA SILVA OLIVEIRA
PEDRO RODRIGO FERREIRA OLIVEIRA
CAMILA FABIANA ROSSI SQUARCINI
SAMUEL SIMÃO DOS SANTOS
DÉBORA ALVES DOS SANTOS

A VIDA TEM UM PROPÓSITO MAIOR

CURITIBA, PR
2025

FICHA TÉCNICA

EDITORIAL	Augusto V. de A. Coelho
	Sara C. de Andrade Coelho
COMITÊ EDITORIAL	Marli Caetano
	Andréa Barbosa Gouveia (UFPR)
	Edmeire C. Pereira (UFPR)
	Iraneide da Silva (UFC)
	Jacques de Lima Ferreira (UP)
SUPERVISORA EDITORIAL	Renata C. Lopes
PRODUÇÃO EDITORIAL	Daniela Nazario
REVISÃO	J. Vanderlei
DIAGRAMAÇÃO	Bruno Ferreira Nascimento
CAPA	Daniele Paulino
REVISÃO DE PROVA	Ana Castro

*Conheça todas as teorias, domine todas as técnicas, mas ao tocar numa
alma humana, seja apenas outra alma humana.*

(Carl Jung)

AGRADECIMENTOS

"Segura estou nos braços Daquele que nunca me deixou,
Seu amor perfeito sempre esteve repousado em mim"
(Laura Souguellis)

Obrigada, Senhor! Obrigada por ter conduzido meus passos para que eu pudesse celebrar encontros com tantas pessoas que simplesmente me enriqueceram de Ti! Preciso agradecer especialmente pelo encontro com as famílias Ferreira e Alves, aos amigos Camila e Simão, que se contam aqui. Obrigada por todo exemplo de vida, de fé, de humildade e coragem que pude testemunhar, e busquei relatar. Obrigada por me permitir nascer na família que escolheu para mim. Obrigada pela família que me acolheu e que amo, sem depender dos laços de sangue. Obrigada, Pai, por ter me feito mãe, por um dia ter me dado professores para amar, e por ter me feito amar ser professora de Educação Física da rede pública do estado da Bahia. Gratidão à vida por ter me apresentado pessoas que confiaram em mim para contribuir na formação de seus filhos nos momentos delicados que vivemos, e por essas pessoas e seus filhos tão incríveis também contribuírem comigo, me reinventando, me aperfeiçoando. À luz que inspirou em minha alma a vontade de contar essas histórias que aqui ofereço, eu agradeço! Essa coletânea de histórias foi construída por muitas pessoas, fontes de vida, que se despejam generosamente nessas páginas. Obrigada por estarem aqui, de braços e corações abertos!

As pessoas que fazem com que as escolas sejam acolhedoras. Que preparam a merenda, e às vezes fora de hora servem um lanche a quem chega com fome, aquelas que limpam os banheiros e o chão, as pessoas que cuidadosamente imprimem as provas, preparam os históricos escolares, os boletins, socorrem um joelho ralado, ou consolam um machucado no coração. As pessoas da portaria, ali logo na chegada, trocam um dedinho de prosa ou um sorriso na hora certa, vão lembrando dos nomes de quem passa. A equipe de professores, coordenadores e gestores presentes em todas as escolas, a do meu colégio, de um modo bem especial, comprometida em fazer o bem e oferecer o seu melhor para formação do aluno.

PREFÁCIO

Em "A Vida Tem Um Propósito Maior", são contadas histórias sobre sonhos, planos e acontecimentos da vida real de alguns professores, pais e alunos que se conheceram e conviveram no Colégio da Polícia Militar Rômulo Galvão, na cidade de Ilhéus, no interior da Bahia. O livro apresenta um pouco do colégio, sua rotina, suas peculiaridades essenciais, e convida à reflexão sobre as razões dele se destacar por seus resultados cada vez mais ascendentes. Evidencia-se a beleza da capacidade transformadora da Educação Física, também durante o período da Pandemia, fala sobre as motivações em se tornar e viver professora, traz a coragem dos pais em dar o devido apoio aos seus filhos para serem verdadeiramente incluídos na escola. Mostra a capacidade de um garotinho cego, que chegou no sexto ano do ensino fundamental junto com sua família, e provocou a expansão do entendimento pedagógico, social e humano de toda escola. O livro nos mostra que propósitos sempre podem ser renovados, e em nossa existência podemos contar sempre com pessoas de boa vontade. De mãos dadas vamos muito mais longe.

SUMÁRIO

"PRIMEIRA UNIDADE" – Primeiros passos 15

CAPÍTULO I
OS CAMINHOS DA VIDA 17
Professora Fernanda Kruschewsky

"SEGUNDA UNIDADE" – Reflexões 35

CAPÍTULO II
O ALUNO, SUA VIDA, SUA FAMÍLIA E A ESCOLA: A PARTIR DO CONTEXTO FAMILIAR, CONVERSAMOS SOBRE O SER ALUNO 37
Família Ferreira e família Alves
Fernanda Kruschewsky
Camila Squarcini

"UNIDADE III" – Aulas de Educação Física também para Felipe 81

CAPÍTULO III
2020 PANDEMIA. ANO QUE A TERRA PAROU? 83

PROPÓSITO RENOVADO – POR SAMUEL SIMÃO 141

A VIDA TEM UM PROPÓSITO MAIOR
Histórias sobre a Educação Pública no Colégio da Polícia Militar Rômulo Galvão Ilhéus/BA

"PRIMEIRA UNIDADE"
Primeiros passos

CAPÍTULO I

OS CAMINHOS DA VIDA

Professora Fernanda Kruschewsky

Por Fernanda Kruschewsky Pedreira da Silva:

Pensando sobre a vida e as histórias das pessoas que nos rodeiam, é possível perceber as belezas e a riqueza da caminhada percorrida. Todos temos o que aprender e o que contar. Sempre haverá quem queira ou precise saber das nossas lutas e sorrisos. Muitas vezes, encontramos nas experiências simples dos outros, inspiração e consolo para nossos dilemas. Precisamos uns dos outros para evoluir. Precisamos nos comunicar, falar e ouvir. É a linguagem que nos humaniza.

Todos estamos imersos nessa grande jornada. Ligados por muitos laços. Buscando nossos propósitos, às vezes, comungando dos mesmos sonhos. Ninguém é insignificante. Especialmente o professor. Especialmente no Brasil. Na lida de ser professor, assistimos a realidade crua dos alunos esquecidos nas escolas esquecidas, alunos com fome até de amor, alguns perdidos, revoltados, agressivos, alunos impossíveis, inconcebíveis. Aluno promissor, sensível e aquele que "com certeza, vai ser alguém um dia"! Alunos que dão medo. Alunos que queremos adotar. Identificamos facilmente os nossos desafios. Difícil é identificar as soluções.

Nós, professores, também experimentamos a escola, como alunos, e um dia decidimos permanecer nela por toda a vida. A escola fica impregnada em nós, mesmo depois da aposentadoria. Rotulados como profissionais cansados, e que "o salário ohhh", navegamos da comédia ao drama, retratados em filmes inesquecíveis e piadas que seriam cômicas se não fossem trágicas. Estigmatizados pela sociedade. Desde sempre. Numa história que se repete por décadas. Sem nos darmos conta, atrasando nosso progresso enquanto nação.

Portanto, penso ter chegado a hora de falar um pouco dessas nossas simples e incríveis histórias, através do coração de quem vive ou viveu a realidade de uma escola pública e militar, dando-nos voz, especialmente, aos professores, pais e mães de alunos, que vivem em um município no interior da Bahia, na cidade de Ilhéus, tão linda, tão amada. Cidade que recebeu a declaração de amor do grande escritor Jorge Amado. Que ele nos inspire a trilhar rumo a uma educação cada vez mais digna. Ilhéus precisa que seus filhos façam algo genuinamente revolucionário por ela: ofereçam uma escola de excelência, para suas crianças e jovens.

É com inenarrável alegria que iniciaremos essas nossas histórias, através da vida de uma pessoa que ministra aulas de uma disciplina comumente desprezada dentro das unidades de ensino, a Educação Física, na esperança de provocar reflexões para as mudanças que precisamos. Ou apenas, preencher nossos vazios, com um punhado de relatos de boas experiências. Uma dose de algo doce para aplacar nossas frustrações e dar sentido aos 25 anos vividos no chão da escola. Lavar a alma. Festejar a ousadia. ♥

Ser professora não foi a minha primeira escolha. Foi a Educação Física que me escolheu. Meu primeiro amor foi a terra. Com 15 anos, em 1987 passei para Agropecuária, fiz EMARC (Escola Média de Agropecuária Regional da CEPLAC). Amava... Mas, não estava no meu destino. Decidi fazer faculdade de Educação Física, fui aprovada no vestibular da Universidade Católica do Salvador, e abandonei os sonhos com a terra. Anos depois, já formada em Educação Física, com os apertos financeiros de professora nesta nação que precisa dar mais dignidade ao professor, busquei outra graduação. Passei também em Direito... Fiz até a metade do curso...

Mas ficar no escritório, definitivamente não era para mim. E o tempo... E os meus alunos ganharam meu coração. A Educação Física se tornou o amor da minha vida. Não sei o que seria de minha vida, sem esse amor. Sem esse dia a dia de bolas, cordas, corridas, abraços e sorrisos sem fim. Entre meus alunos me encontro. Graças a Deus, a Educação Física na escola pública, ganhou meu coração e me trouxe até aqui. A ela todo o meu respeito, gratidão e o meu melhor! 🖤🖤🖤🖤

Minha trajetória na rede pública estadual da Bahia, começou em um contexto muito difícil, em um momento muito delicado que eu estava passando. Eu estava no Hospital, internada na enfermaria do SUS, com minha segunda filha de apenas três meses, que foi submetida a uma cirurgia no crânio, quando uma atendente do hospital apareceu, chamando pelo meu nome, para me transmitir uma mensagem de minha mãe. Essa grande enfermaria acolhia muitas crianças com suas acompanhantes - ali só era permitido mulheres como acompanhantes, para nossa segurança e conforto - era um ambiente amistoso, maternal, com mulheres cuidando de crianças hospitalizadas e como já estávamos juntas ali por quase uma semana, todas se conheciam e sabiam da história de cada criança, por isso, foi fácil a mensagem chegar para mim.

Minha mãe, minha Zeza, é dessas mulheres gentis e amorosas, que sabe pedir as coisas. E como "um bom pedir, resulta num bom dar" ela com seu jeitinho conseguiu que a atendente do hospital, fosse em seu intervalo do cafezinho, me dar seu recado. A mocinha disse apenas para que eu ligasse urgente que ela tinha uma coisa muito importante para me falar.

Olhei para a vózinha dos gêmeos, os seus meninos estavam internados por terem sido alimentados com *mingau de cachorro*, para ficarem fortes e crescerem rápido. Como nasceram prematuros, a *dieta da saúde*, lhes fez muito mal, e acabaram hospitalizados. A avó que estava com eles, era a matriarca da enfermaria. Uma fortaleza de pessoa, em seu corpo roliço, cabelos grisalhos, sempre em um coque, sua pele de pérola negra, uma presença! Ela ia de leito em leito abençoando a cada um, querendo saber como estávamos naquela manhã. Não saia da enfermaria. Tinha medo que alguém levasse embora um dos seus netinhos. Confiei nela para olhar a minha pequena Ju e ir até o saguão do hospital fazer a ligação. Da cabine de um orelhão, liguei pra Zeza. Ela estava exultante! Tinha duas boas notícias para me dar. Tinha saído os resultados dos dois concursos que eu havia feito. Eu tinha passado nos dois! Do Estado, para professora, e na primeira etapa do hospital Sarah (para reabilitação motora dos pacientes), pela segunda vez. O que eu queria mesmo para minha vida profissional, era entrar para a rede Sarah. Pela segunda vez, eu não conseguiria. Toda animada, Zeza me disse que cuidaria de Júlia para eu ir fazer a entrevista que seria em dois dias na capital federal, onde se localiza o hospital matriz da rede Sarah. Sem pestanejar, eu disse que não iria para a entrevista. Não deixaria minha filha que ainda amamentava, e que ainda estava com febre. Agradeci a minha mãe, por toda disponibilidade, e resignada, disse que seria professora do Estado.

Minha mãe e todas as minhas tias, dos dois lados da família, foram professoras. Cresci ouvindo os depoimentos delas. O sinal de alerta foi acionado. Ser professora seria um desgaste que não me levaria a uma boa condição financeira e social. Mas, me daria condições de criar minhas filhas, e assim permitiria que meu marido construísse uma carreira de sucesso. Para minhas expectativas na época, já era bom demais. Contabilizei o fato de já ter uma filhinha de um relacionamento anterior, e ter a sorte de ter conseguido me casar com um bom homem. Não dava para pensar além disso, não dava para pensar fora desta caverna. Não naquele saguão de hospital.

Tremi ao pensar no tanto de carência da rede, as infinitas demandas e todas as dificuldades, toda essa ladainha verídica e dramática que a escola pública já se constituía, somada à crescente onda de violência que começava a atingir as escolas. A politicagem descarada no meio, as drogas chegando com força, e junto com esse fenômeno, as agressões aos professores, as brigas entre os alunos, o sangue derramado no pátio e todo tipo de abusos dentro desse espaço que deveria ser sagrado. Minha mãe estava se aposentando e eu entrando nesse mundo, sem nenhuma proteção institucional, com uma missão que todos já sabiam ser impossível.

Alguns meses depois, em abril de 1998, eu assinava o termo de assunção em uma escola num bairro distante, em Salvador. Lá eu comecei a descobrir que a escola pública pode transformar e até salvar vidas. Na verdade, pode ser o melhor lugar para crianças e jovens, e que minha disciplina, me aproximava deles. As boas surpresas nunca pararam de acontecer, e sempre vieram dos alunos. Ali tudo estava começando. Meu "era uma vez", que agora compartilho.

Dez anos depois, eu assinava outro termo de assunção também na Bahia. Desta vez, sendo atendida por meu pedido de remoção para a cidade de Ilhéus, minha terra natal. Eu iria lecionar em uma escola que estava sendo transformada em escola militar. E por sintonia, eu também estava em transformação. Meu casamento ruiu. E para pôr um ponto final definitivo, sem outra recaída, juntei minhas três filhas, a menorzinha com cinco anos, e voltei à minha cidade querida. A distância poderia me ajudar a seguir em frente. Comprei um lote num lugar afastado do centro da cidade, longe de tudo. Estava recolhida. Precisava cuidar de minhas feridas e prantear a tristeza.

O novo ambiente de trabalho estava tenso. Pense... professores aceitarem a presença de militares, e trabalharem integrados, juntos em um propósito de escola. Não parece uma combinação disfuncional? A desconfiança estava em alerta máximo. Escola é lugar que pressupõe liberdade de pensamento, criatividade, análise crítica, desenvolvimento do pensamento questionador, coisas que não combinam com o estereótipo militar. Estava estabelecido um dilema, quase que um paradigma. Como aquilo podia funcionar? Naturalmente, e ainda bem, que professores se manifestaram e questionaram. Fizeram e usamos por algum tempo, uma blusa com os três macacos sábios 🙈🙉🙊 e frases de protesto contra o colégio ter se tornado um Colégio da Polícia Militar. Preciso dizer que, contrariando nossos medos por uma retaliação dos militares, nós nunca fomos sequer constrangidos por nossos protestos. Circulamos livremente, sobre os olhares, também desconfiados, desses colegas recém-chegados, que passaram a trabalhar lá, e estavam cumprindo ordens.

Havia, é verdade que às vezes reaparece, uma trincheira invisível, um torcer de nariz, uma rejeição latente de ambos os lados. Inicialmente, foi ainda mais difícil entender o que estava acontecendo, e ressignificar nossos conceitos. Mas, nada como o tempo, nada como o convívio, como o dia a dia. A farda, não neutralizou o ser humano dentro dela. Não para nós professores, acostumados a ver além das cascas. Somos teimosos e incansáveis caçadores de almas. Olhamos para além das aparências, querendo ver mesmo, o que está por trás da carcaça. E sim, interagimos com policiais, alguns armados, no pátio, nas salas de professores, nas reuniões, debatendo, divergindo e nos observando. No final das contas, eram trabalhadores como nós. Humanos como nós. Querendo acertar... como nós. Errando... como nós. Gosto de pensar que eles também foram quebrando tabus a nosso respeito. Nos olhavam meio tortos. Eles não entendiam nosso modo de conduzir as demandas que saíam do padrão. Cansei de ouvir: "porque tanta conversa com o aluno indisciplinado?", "Comunica logo professora!", "Porque não comunicou a insolência?!", "A senhora é muito boazinha, eles não vão te respeitar!". Assustados com tantos debates, com o volume de discussão que acontecia quando reunidos para deliberar sobre qualquer assunto, questionamos sem fim, debatemos sem fim, e algumas vezes nem chegamos num denominador comum. Somos seres difíceis para eles entenderem. 🩶

Lá, no início de tudo, não era possível vislumbrar que os militares nos ensinariam e ainda ensinam. O que parecia disfuncional, acabou sendo uma fórmula de sucesso. Nos tornamos mais assertivos, conseguimos ter mais agilidade nas reuniões, mais organização e até adotar as *comunicações* (uma espécie de B.O.) como algo educativo. Um limite para o aluno indisciplinado. Ficou claro, que a prerrogativa de impor limite ao comportamento inadequado que atrapalha a aula, muitas vezes ajuda no bom desempenho do próprio aluno e até da turma. E sim, aprendemos que é verdade, que os alunos não respeitam quem é só boazinha. Eles *pedem e precisam* que nós sejamos seus guias. Houve também militares que aprenderam conosco. Viram que as transformações pela condução amorosa levam tempo, mas é efetiva. Uma boa conversa, muitas vezes vale mais que uma advertência escrita. Vale mais que chamar os pais. Especialmente quando os pais parecem tão cansados e desgastados com a rebeldia, a desobediência, o desrespeito do próprio filho. A escola deu ainda um passo decisivo na condução dos procedimentos em casos de indisciplina. Passou a analisar individualmente cada caso e encaminhar para o devido acompanhamento psicopedagógico.

Na transformação de CIERG (Centro Integrado de Educação Rômulo Galvão) em CPMRG (Colégio da Polícia Militar Rômulo Galvão), alguns professores inconformados pediram para sair, e eu pedindo para entrar. Será que estava perdendo alguma coisa? Certamente! Estava chegando no final do processo, quando a implantação já estava acontecendo. Eu não podia compreender totalmente as queixas daquele grupo de docentes. O que eu sempre soube, é que quando a canetada vem de cima, não adianta muita coisa. Neste ponto, por amor à educação pública, é preciso tecer algumas críticas, e abrir um parêntese para reflexões.

Infelizmente, mesmo que a maioria da comunidade não aceite alguma determinação vinda do poder público, ela será cumprida. É assim que tem sido, não deveria ser assim. Nós vivemos e trabalhamos pela escola pública do estado da Bahia, servimos a um propósito maior. Repito, não deveria ser assim. Os planos de governo sazonais, eleitoreiros, tem metas específicas e prazos de validade daquele mandato com a prioridade de manter o poder. De ciclos em ciclos adiam-se ações cruciais capazes de impactar na qualidade do ensino.

Quando chega outra gestão, ainda que do mesmo partido político, tem sido naturalizado, que todo o quadro de servidores não concursados das secretarias saia, para novas equipes e suas novas ideologias entrarem. Ao que parece, os partidos têm seus subgrupos que se digladiam pelas vagas comissionadas - cargos de maior poder e claro, melhores salários. Mudam-se os agentes envolvidos nos processos ligados à máquina pública, independente da sua competência e bons serviços prestados, desde os técnicos especialistas, aos parceiros e fornecedores das merendas, carteiras e dos muitos materiais que a escola consome e precisa.

Mudam porque os interesses passam a ser outros, os parceiros passam a ser outros, e isso afeta substancialmente a rotina escolar. Fico me perguntando, se isso não traz prejuízos financeiros ao Estado. O que sabemos, por ser bem evidente, é que se fossemos uma instituição privada essas mudanças seriam planejadas com mais cuidado, avaliando, medindo e calculando o custo benefício de cada material a ser adquirido. A administração dos recursos e despesas das instituições privadas me parecem ser mais valorizados e estudados. Quando se trata de gestão das finanças públicas, parece que os recursos são de ninguém.

As tomadas de decisões que envolvem o rumo da Educação Pública deveriam estar focadas no bem maior especialmente para professores e alunos. A escola é feita desses personagens, basicamente por essas pessoas, que interagem quase que diariamente. É o lugar onde vivemos as mais importantes experiências, que vão muito além do aprendizado dos conteúdos curriculares. Experiências que vão ajudar a formar a qualidade do ser humano que vai atuar como médico, gari, pilotar um avião, um ônibus, ser caixa de supermercado, advogado, cuidador de idosos, enfermeiro, ou seja, o ser humano que vai girar a roda da vida humana. Em cada engrenagem dessa roda, estarão pessoas que passaram pela escola. Essa é a oportunidade de ouro que, enquanto sociedade civilizada, temos para começar a construir o amanhã. Assim, penso que as decisões sobre seus caminhos, deveriam estar pautadas no diálogo com o corpo escolar, para considerar suas opiniões ou, ao menos, esclarecer as razões em que se fundamentam seus argumentos.

No topo da lista dos pré-requisitos norteadores dessas decisões, precisaria estar: ouvir e levar em conta a opinião da comunidade escolar, dos colegiados das unidades de ensino e as peculiaridades de cada região. Se acreditamos na democracia, ela deveria ser posta em prática nos momentos das tomadas de decisões sobre as realidades concretas das pessoas. Suas vozes precisam ser consideradas. Num movimento que compreende a diversidade das necessidades e que valoriza os atores que fazem a engrenagem da Educação se mover, aqueles que estão na linha de frente, não por um mandato, mas por toda vida. De um universo micro para o macro. Essa deveria ser a regra. A canetada que sai de um gabinete, pode ser sem sentido, e algumas vezes, extremamente opressora. Fecha parêntese!

Lembro que eu estava pegando o bonde andando. Na estação que entrei, aos meus olhos, contrariando o olhar da maioria dos meus novos colegas, tornar o Centro Integrado Rômulo Galvão (CIERG) em Colégio da Polícia Militar Rômulo Galvão (CPMRG) parecia uma intervenção acertada. Acreditei que aquela medida de governo estava pautada visando para além da melhoria do ensino. Era preciso restabelecer um ambiente em condições mínimas para professores e alunos ensinarem e aprenderem. Em uma excelente localização, e com ótima estrutura, a escola estava perdendo espaço para a indisciplina, drogas e violência. O impacto desse desajuste atingiu os moradores do entorno. Algo realmente precisava ser feito. Era preciso agir.

☹ "Tudo certo na Bahia? Não. Mas, pode ficar!"

Passados quase 16 anos da sua implantação, refletindo agora, sobre aquele momento, e pensando nos resultados que a medida adotada fez valer, nos deparamos com um saldo extremamente benéfico para a cidade e para a rede estadual de ensino da Bahia. O CPMRG se tornou motivo de orgulho, acumulando resultados positivos para a cidade e para a rede estadual de ensino. Em 2023, a busca por matrículas nesta unidade bateu recorde.

A razão disso, ou uma das razões, é o conjunto dos resultados exitosos do colégio nas avaliações que medem o desempenho do ensino (em provas como SABE, SAEB e IDEB) fruto do trabalho de professores competentes e extremamente dedicados, somado ao esforço empenhado pelos alunos, grandes protagonistas desses feitos.

Êxitos acumulados consecutivamente, ano a ano, e que destacam os colégios militares, no ranking estadual entre os 5 melhores colégios do estado da Bahia. Fato que se repete por outros estados do Brasil, com outras escolas militares. Vamos combinar: nota de desempenho de 5,5 no ensino médio e 5,8 no ensino fundamental, não é um feito extraordinário, mas comparativamente, é excelente!

Para que pensemos com mais clareza, sobre o que representa a Bahia para a região Nordeste, façamos a construção mínima do seu contexto geopolítico. A Bahia é um estado brasileiro que viveu por pelo menos duas décadas, ciclos de altos índices de analfabetismo, pobreza, desemprego e violência. Tendo sua capital, a histórica cidade de Salvador, a Bahia é o estado nordestino mais populoso, e possui 417 municípios. Dentre esses municípios, Ilhéus está entre os 15 mais ricos do estado. Se relacionarmos sua posição aos resultados do IDEB percebemos o quão preciosa é esta escola para a transformação dos péssimos índices de analfabetismo, pobreza, desemprego e violência que nos encontramos no cenário nacional.

> Dá um Google aí!
>
> - "Um levantamento feito pelo Instituto Brasileiro de Geografia e Estatística (IBGE), aponta que a Bahia possui a maior taxa de analfabetismo do Brasil. De acordo com a Pesquisa Nacional por Amostra de Domicílios Contínua, realizada em 2019, mais de 1,5 milhão de pessoas de 15 anos ou mais não sabiam ler nem escrever no estado, o que corresponde a 13% de toda a população local."
>
> E veio a Pandemia. Como será que estamos nos quesitos analfabetismo e pobreza?
>
> - Em 2021, tanto na Bahia quanto em Salvador, a pobreza e a extrema pobreza atingiram índices recordes nos nove anos de série histórica da Pesquisa Nacional por Amostra de Domicílios Contínua (PNADC), iniciada em 2012. A informação foi divulgada pelo Instituto Brasileiro de Geografia e Estatística (IBGE).
>
> - No quarto trimestre de 2022, o IBGE apontou que no Brasil, são os estados do Nordeste (8 dos 9 estados da região NE) que possuem os piores índices de desemprego, tendo a Bahia liderando as perdas (13,5% de pessoas desocupadas). Apenas um dos nove estados da Região tem uma taxa abaixo da média nacional (Ceará, com 7,8% de pessoas desocupadas).
>
> - "Pelo quarto ano consecutivo, a Bahia é líder em mortes violentas no Brasil. De acordo com o mais recente relatório do Monitor da Violência, foram contabilizadas 5.124 mortes violentas no estado em 2022, levando em consideração feminicídios (quando as vítimas são mortas na condição de mulheres), homicídios dolosos (quando o assassinato é intencional), latrocínios (quando a vítima é assassinada para que o roubo seja concluído) e lesões corporais seguidas de morte."

É preciso dizer que esses quatro índices se relacionam com muita força, quase se confundem. A Bahia foi reprovada em todos. Uma Educação de qualidade pode impactar positivamente em todos esses resultados. As melhores condições de ensino e aprendizagem nas unidades militares, torna compreensível que a comunidade já esteja pedindo pela militarização de mais escolas. Quem poderia prever que os rumos da história da Educação nos traria isso? E o que de bom pode ser tirado desse fato incontestável? Talvez, sirva como dado comparativo para sinalizar ou no mínimo fazer repensar as falhas na Educação das outras unidades de ensino da rede, que seguem por vias que não me atrevo a nominar.

Torna-se curioso: se o quadro de professores é formado quase que totalmente por professores civis, os alunos são da rede pública, os livros são os mesmos, os conteúdos também, por que tanta disparidade na comparação dos resultados lá conquistados, com as outras escolas da rede? 💚

Para encontrar essas respostas existem dados subjetivos e decisivos, que devem ser levantados em ambas as realidades: os professores se sentem valorizados e estimulados? Os professores se sentem seguros para trabalhar os conteúdos sem sofrerem agressões? De que forma são cumpridas metas, como a elaboração dos planos de curso e planejamentos das aulas? Os professores fazem cursos de aperfeiçoamento, pós-graduação e outros? A coordenação pedagógica é colaborativa e acompanha os processos pedagógicos? As reuniões para os planejamentos das aulas são eficientes, estimulam e dão suporte à elaboração de boas tarefas para os alunos, bem como suas correções e devolutivas? E quanto aos alunos, são estimulados a se comprometerem com os estudos, a se esforçarem, a acreditarem neles mesmo? Suas famílias são convidadas a participarem e se responsabilizarem por esse processo? Qual suporte é oferecido para que os alunos e suas famílias consigam cumprir seus papéis? Ao pensar sobre essas questões, já é possível clarear as razões sobre o desempenho das unidades de ensino militar. Nelas há um volume de trabalho maior e melhor executado, como também, uma equipe maior. Há colaboração entre duas secretarias e amparo de dois regimentos que se completam.

Espero que isso não leve a sua desconstrução, pelo discurso que parece estar sendo fomentado, de que "a Rede de ensino público precisa ser uma Rede com apenas uma linguagem", onde todas as escolas estejam niveladas e padronizadas. Se for para nivelar, que seja para um nível melhor. Não dá para descer mais. É fundamental considerar o entendimento sobre diversidade. Deve-se preservar uma educação plural, que acolhe diversas demandas.

Imagine, num estado onde a cultura é multifacetada. Nivelar em rede parece contradizer esse entendimento. Sob a tutela do estado, que protege o ser humano e seu direito constitucional à educação, que sejam preservadas todas as diversas escolas, sejam militares, quilombolas, indígenas, rurais, e todas as outras. Cada escola deve atrair um determinado perfil de alunos. Deve haver espaços e oportunidades para todos. Mais do que adotar um modelo padrão educacional, com a mesma receita, como se escola fosse uma fábrica para produzir um tipo de gente, o ponto principal deveria ser estar sempre mirando no aperfeiçoamento da qualidade do ensino, e não a supressão das características próprias que justificaram e justificam as razões de terem sido criadas. Nivelar em rede deve considerar a régua da equidade, não a regra da igualdade. Não somos iguais.

Existem compensações pelo esforço que desempenhamos em uma escola tão diferenciada e exigente. Esforço de uma grande equipe de civis e militares. Logo de cara constatei que trabalhar em um ambiente seguro, tranquiliza e preserva a saúde mental. Nos meus dez primeiros anos de regência trabalhando no subúrbio de Salvador, o clima de medo era frequente. A ronda policial sempre era chamada pelas diretoras. E meu Deus... como aqueles prédios escolares mais pareciam reformatórios. Tudo quebrado, pichado e esquecido. Alguns alunos podiam fazer o que quisessem, se comportar mal, sair da sala, e ninguém mais se atrevia a tentar colocar limites. A maioria dos alunos e os professores, se sentiam impotentes e acuados. Escolas assim, adoecem seus professores, que simplesmente, não aguentam e pifam! Chovem atestados e aulas vagas, que fazem a rotina escolar ficar ainda mais caótica. Trabalhei muitas vezes angustiada. E olha que eu era uma das professoras que fazia os coletivos de futebol, as brincadeiras, desfiles e os torneios esportivos. Me sentia no coração dos alunos, até dos mais indisciplinados. Mas, já tive que separar brigas horríveis de alunos enormes. Lembrem-se que os alunos repetiam muito de ano, eles ficavam grandes, às vezes até, maiores de idade, e conter um aluno desses num momento de fúria, é insano.

Lembro de uma fase em que o pai de uma aluna ficava me esperando na saída do colégio, para "uma conversinha". Ele soube que sua filha de doze anos me contou o que ele fazia com ela. Eu o denunciei ao Conselho Tutelar. A garota foi morar com a avó. Por isso, passei por maus bocados. Faria novamente. Seria bem mais cautelosa, mas, faria novamente, por ela. Ela me pediu ajuda. Esperou o final da aula, e quando todos saíram da quadra ela me perguntou se o pai, por ser pai, podia pegar em todo o seu corpo? Desabou no choro. Tão sentida, tão destruída... choramos juntas. Me emociona lembrar disso. Minha diretora, na época, me pediu para que eu não fosse trabalhar por umas semanas. Para ver se o tempo fazia aquele pai refletir, e me esquecer. Funcionou. Por essas e muitas outras, que ao passar a trabalhar em uma escola militar, com o ordenamento já estabelecido, onde as regras estão postas e devem ser cumpridas, onde não é opressor colocar limites, me senti protegida e estimulada. Minhas forças foram revigoradas. Meu cansaço agora, é pela enorme demanda de trabalho a ser feito buscando capricho e como costumamos dizer, excelência. Definitivamente, os professores das escolas militares deveriam ter seus salários dobrados! De qualquer maneira, escolho poder trabalhar, ver o aluno estudar e se desenvolver, num ambiente com o mínimo de dignidade e segurança. Isto já é um grande diferencial.

Analisar dados é importante para a busca dos reais motivos de sucesso dos CPMs. São escolas que mais de 90% dos seus alunos, ao final do ensino médio, obtêm nota no ENEM (Exame Nacional do Ensino Médio) que lhes permite ingressar na faculdade. Chama atenção.

Existe um outro elemento que vale uma reflexão e, a meu ver, é determinante fortíssimo no saldo positivo que os CPMs acumulam. Nos CPMs a maior parte dos alunos ingressa no ensino fundamental e segue até a conclusão do ensino médio. Ou seja, desde a puberdade, com 10 e 11 anos de idade, eles são acolhidos, ambientados e estimulados a fazer o melhor. Sem fragmentação do processo, sem grandes desníveis na forma e qualidade do ensino.

Para a construção de um entendimento capaz de gerar bons frutos nos caminhos da Educação, o poder público precisa abraçar a causa e focar nos propósitos para além de quatro anos no poder. É imprescindível olhar os dados, os resultados, fazer o devido balanço técnico, ouvir os atores envolvidos, e focar nas melhorias. Para os avanços realmente acontecerem, e fazer valer como a nossa Constituição Federal prevê, em seu artigo 205 - *A educação, direito de todos e dever do Estado e da família, será promovida e incentivada com a colaboração da sociedade, visando ao pleno desenvolvimento da pessoa, seu preparo para o exercício da cidadania e sua qualificação para o trabalho* - aqueles que têm o dever de garanti-la devem estar inteiramente comprometidos.

A Universidade Estadual de Santa Cruz (UESC), aqui em nossa região, é atuante dentro da Educação Básica. Projetos de incentivo à docência criaram o ambiente perfeito para graduandos em diversas áreas e seus coordenadores, estarem presentes em nossa rotina escolar. Em nossa unidade de ensino no ano de 2011, fomos incentivados pelo então coordenador do SEFD, hoje na reserva, Sgt PM Mário Campos Neto, a nos inscrevermos nos processos seletivos da universidade, que nos tornam aptos a supervisionar estagiários da UESC. Fomos aprovados nas seleções, com boas notas, e assim, nossa escola ganhou ainda mais essa força para a Educação Física. Não imaginávamos que esse passo fosse tão importante para nós e que seria tão benéfico para nosso colégio.

Devemos mais essa conquista a iniciativa do coordenador Sgt PM Mário Campos Neto, que implantou o SEFD na sede do CPM de Ilhéus, e articulou muitas outras boas ações. Ele saiu de nossa unidade para somar esforços na militarização de uma grande escola em Itabuna, que já se destaca.

Receber uma coordenadora de estágio, uma professora ou professor desta briosa universidade, é ter o aporte de uma pesquisadora, mestra, ou até doutora em Educação, pertinho de nós, influenciando em nossas aulas, posturas e ações inovadoras. A verdade é que esses agentes que produzem um ensino de qualidade, nos estimulam a revisitar nossos planos e propósitos, ouvir outras fontes, sem perder nossa identidade, mas, nos fazendo incorporar saberes e aprimorar ações. É preciso uma pitada de humildade, decisiva para o aperfeiçoamento!

Estar cercada de boas influências é precioso. Considero um verdadeiro tesouro termos criado vínculo com os docentes do curso de Educação Física, da UESC. A professora Drª Nayara Alves Severo, e o professor Dr^o Cristiano Bahia, são exemplos das personalidades marcantes da equipe de docentes do curso de Educação Física que contribuíram e contribuem com nossa escola. Pode-se dizer que se trata de um "Dream Team" de altíssimo nível, que soube se aproximar com elegância e simplicidade, do nosso fazer pedagógico. Reconhecimento e gratidão por terem chegado junto! Essa história não seria a mesma sem eles.

Através dessa ponte, nesses anos, tivemos muitos estagiários vindos da UESC. Eu não saberia contabilizar ao certo, o número de estagiários que passaram por nós. Chutaria em torno de 30 ou 40 estagiários, que nos estimularam a pensar possibilidades diferentes e repensar ideias já adotadas. Todos aprovados por uma seleção criteriosa da própria universidade para viverem aquelas experiências. Sem exceção, todos contribuíram em nossas aulas. Jovens estudantes interessados, apaixonados e cheios de ideias sobre como ser professor, descobrindo como atuar para ser um diferencial na vida dos alunos, chegando de mansinho, com seus saberes sobre danças, lutas e esportes, eles nos alertaram para não sermos *marionetes do sistema*. Implementaram ideias novas que nos fizeram, por exemplo, abraçar o futevôlei, saindo um pouco do futebol padrão, abrindo espaço para novas habilidades, dentre muitas outras ideias funcionais e brilhantes. Caberia um capítulo à parte para falar sobre essa brisa de juventude revigorante.

"SEGUNDA UNIDADE"
Reflexões

CAPÍTULO II

O ALUNO, SUA VIDA, SUA FAMÍLIA E A ESCOLA: A PARTIR DO CONTEXTO FAMILIAR, CONVERSAMOS SOBRE O SER ALUNO

Família Ferreira e família Alves
Fernanda Kruschewsky
Camila Squarcini

 O valor da família no processo de desenvolvimento humano, é gigantesco. Aprendemos pelos exemplos que vemos nos que amamos. Precisamos ter em quem nos espelhar enquanto crescemos. Precisamos que cuidem de nós na fase escolar, com incentivo, com ternura e paciência, alguém que acalente nossos medos e nos impulsione. São simples gestos que partem de alguém que se importa. Esses gestos deveriam acontecer no decorrer da vida letiva. Ter alguém para pentear nossos cabelos antes de sair para o colégio, providenciar um caderno ou ajudar com uma farda limpinha. No retorno para casa, perguntar como foi a aula, olhar nossos deveres, elogiar a letra, ou enquanto estamos sentados estudando, chegar com um copo de água para nos oferecer, pousar a mão em nosso ombro e nos olhar com admiração. Não existe um aplicativo para baixar, que substitua esse papel.

 Precisamos também que esse alguém, ao menos um alguém, nos apresente limites, imponha regras e respeito, para direcionar nossos passos. Não se pode delegar a nenhum tutorial ou influenciador digital, a formação das crianças e jovens. Gestos simples e poderosos como pedir para desligar os aparelhos e ir dormir, "já chega de jogo eletrônico!", "não pode brincar sem ter feito as tarefas". Carecemos de acolhimento, tanto quanto de direção. A família* é insubstituível, nas suas diversas composições, é ela quem pode suprir essas necessidades. Essa é a expectativa. Mas, na realidade, nesse mundo tão distante do ideal, apelidado de *líquido*, pode-se ter a sensação de que as famílias estão perdendo de goleada.

Uma das causas dessa derrota parece estar sendo para os novos ídolos da mídia digital sempre presentes. O celular virou um novo apêndice que agora passa a compor a anatomia humana, bem diferente do fenômeno do rádio e da televisão - esses não estavam em nossos corpos o tempo todo. O sinal da internet ganhou valor de oxigênio. As famílias colocaram dentro de suas casas, esse adversário difícil de duelar. Por uma questão de justiça, não podemos condenar as famílias. Por uma questão de justiça, não podemos absolvê-las. Podemos tentar compreendê-las e ajudá-las. Estamos falando de nós mesmos.

Enquanto família, enquanto sociedade, enquanto escola pública, precisamos ser sensíveis a essa questão e abraçar nossa parcela de responsabilidade, na tentativa de virar esse placar. Pensar em soluções, observar a própria história, pode ser um bom primeiro passo para a virada. Sejam quais forem as saídas, a tarefa é nossa, cabe a nós meter a mão na massa. Assim, buscando compreender todo esse processo, fui refletindo sobre minha vida, a história dos meus antepassados, o valor da família, a escola na época dos meus pais, a escola que eu vivi, e a que eu vejo surgir. Fui tecendo algumas considerações, acessando memórias e formando um emaranhado de ideias. Parei em 04 de abril 1993 quando tive minha primeira filha.

Aos 19 anos engravidei, me tornei mãe solteira. Estava na metade da minha graduação em Licenciatura Plena em Educação Física. Senti na pele o meu mundo virar de cabeça para baixo. Era minha pequena família surgindo. Me enxergar mãe, sem planejamento, repentinamente, logo eu que tinha tantos sonhos e como dizia uma vizinha amiga de minha Zeza, com uma cabeça de vento... Meu Deus! Foi muito difícil.

E lá estava eu enjoando de tudo. Qualquer cheiro, comidas, vomitando até água e andando pelos corredores da faculdade, com uma barriga que só fazia crescer. Tentando me segurar e não afundar no desespero que estava na minha cabeça. Repercutia em mim o que eu percebia nos olhos das pessoas: eu era a materialização do pecado, da irresponsabilidade, da burrice, da vida jogada fora... da moça perdida. Como poderia ser mãe daquele jeito? Foi a força da FAMÌLIA que me salvou. Mesmo tristes, com tantos medos, lutaram por mim, pela minha filhinha, pelo nosso futuro.

Meu pai, veio de um lar muito pobre e de gente muito forte, impetuosa e inquebrável. Passou fome quando criança. Era o mais velho, e como na música "Marvin" ele perdeu o pai cedo, virou o esteio da família, e na cabeça dele, só a morte alterava o destino de uma pessoa. Como pai, ele acreditava que se botasse comida na mesa e nos protegesse, tudo "daria certo" para nós. Em sua equação de homem sofrido, para o meu pai cacique, para meu adorado pai, não havia variáveis. A sua equação era não deixar faltar nada para sua esposa e filhos, e o resultado seria uma conta exata de sucesso.

Ele chegou a essa fórmula, porque tantas vezes ele e seus irmãos viram o aperto na própria mesa, viram sua mãe pedalar por horas na máquina de costura até o sol raiar, ficar com as pernas doloridas, e ter que suportar, para entregar os bordados. E como era dele o papel de filho responsável, ele saia cedinho, para entregar as encomendas, receber o dinheirinho e voltar a tempo para comprar a comida para sua casa. Ele ia buscar o pão de cada dia. Saía pelas ruas de Itabuna, cidade vizinha de Ilhéus, vestido com suas roupas de menino pobre, limpas de dar gosto, caminhando magrelinho pelas vielas até a casa das senhoras abastadas.

Ao chegar em seu destino, alguém abria a porta dos fundos para aquele menino sem eira nem beira, e já lhes lançavam um olhar preconceituoso. Meu pai guerreiro, eu só consigo ver sua imagem com olhos encantados e amorosos, era um pequeno índio, pele cor de romã, lindos cabelos lisos, negros, feições talhadas singularmente fortes e belas, com seus olhinhos miúdos, dentes perfeitos, sorriso raro. Quase não falava, e quando falava era baixinho. Era um menino enfrentando o mundo, saindo para caçar a refeição da sua família. Os perigos eram não receber o pagamento da madame ou ser roubado na volta para casa, feras astutas e vis que podiam não matar meu pequeno guerreiro, mas destruíram sua inocente infância. Ele odiava aquela missão que sua mãe, Dona Iraci, lhe confiava. Era sempre uma missão difícil, ela sabia. Mas, não conversava com ele sobre aquilo. Ela precisava que ele fosse fazer a entrega das encomendas. Era ela e seus filhos, três meninos e uma menina, uma linda menina.

Mesmo sem ter o dom da conversa, quando meu pai voltava para casa, na hora do almoço, de mãos vazias, dizendo derrotado, com a voz por um fio: "mamãe, a madame ficou com o bordado e disse para eu voltar depois para pegar o pagamento", ela mandava ele se sentar à mesa, onde todos seus três irmãos estavam sentados, e fazia o extraordinário acontecer. Saía para o quintal e voltava com uma solução, podia ser um mamão verde. Ela picava, temperava e juntava com aquela boa farinha. O cheiro do amor, da comida feita como uma prece, com o capricho que só ela sabia fazer, preenchia o ambiente e já saciava o vazio no coração de cada filho, especialmente do seu filho que retornara com fracasso no peito. Ela servia a cada um, os via comer. Via o caçula chorar, *porque era muito guloso*. Meu pai dava de sua porção para ele. Dona Iraci, não se servia. Ela aguentaria a fome até o dia seguinte, quando meu pai, meu Touro Ferdinando, retornaria para receber da madame o devido pagamento pela encomenda dos bordados.

Algumas vezes quando as madames não o torturavam até a hora do almoço - elas o deixavam sentadinho perto da cozinha a manhã toda, acho que para ele ver a fartura do que estava sendo preparado, sem oferecer nem um copo d'água - quando elas recebiam logo a encomenda e diziam para ele voltar depois para pegar o pagamento, ele saia em disparada, para a porta do açougue, sua última cartada para conseguir o almoço da sua família. O dono do açougue, gostava de meu pai. Eles tinham um diálogo unilateral.

Meu pai chegava, ficava na porta do açougue olhando as carnes, sem dar nenhuma palavra, seus olhos já diziam tudo. Entravam e saiam clientes com suas compras, num instante, o homem dizia de trás do balcão: "Tá ruim a situação caboclo?" Cortava uma tira de carne boa o suficiente para ele e sua família almoçarem, enrolava num papel pardo e dizia: "Toma caboclo! Vá pra casa".

De barriguinha cheia, ao invés do rumo da escola, ele ia ajudar no que fosse preciso. Meu pai tinha largado os estudos. Precisava ajudar em casa, ajudar com os irmãos, com tudo. Era o sacrifício que ele fazia sem perceber que era sacrifício. Nesse tempo, pelos anos de 1944, a palmatória rosnava nas salas de aula. Ele não suportava apanhar. Já apanhava bastante em casa e da vida. Os professores, a escola, era tudo muito diferente do que temos hoje. Não ter que ir para a escola, era um alívio. No lugar de mais aquela tortura, ele ganhava tempo de folga. Ao findar da tarde, cumpridas as tarefas, saia com os amigos da rua para jogar bola. Lá no campinho improvisado ele podia ser só um menino feliz correndo atrás da bola para fazer um gol. (Veja se eu hoje professora de Educação Física, tenho como dizer não ao aluno que chega pra mim, na hora do intervalo, pedindo uma bola só para uma *altinha fessora*).

(Relendo e lembrando de meu pai contar essas histórias, sempre comovida, me acendeu uma curiosidade e pensei em pesquisar sobre como era a escola pública nesses anos, quais os programas implementados pelo poder público da época para ajudar famílias de baixa renda. Como, e o quê de fato mudou de lá pra cá?)

Quando saía para ser criança, para brincar, sua mãe ficava muito preocupada, ele iria aprontar. Tinha uma vizinha alcoviteira que enchia a cabeça dela. E ela vivia cansada, sempre na máquina para a próxima encomenda, já imaginando que teria que lavar suas roupas imundas lá no rio Cachoeira, que tinha águas limpas *de beber*. Em uma dessas muitas vezes, meu pai chegou, todo sujo e feliz, com a bola debaixo do braço. Entrou eufórico em casa e se deparou com sua mãe bem chateada, ele logo pensou, deve ter sido algum fuxico da vizinha, e sem entender nada, levou uma surra e ela deu fim a sua bola. Ele nunca mais jogou. Com o coração machucado, se recolheu no ressentimento e repetia em sua cabeça: "Odeio minha mãe! Foi por ela ser ruim assim, que meu pai foi embora. Quando meu pai voltar, tudo será melhor". Anos depois, quando seu pai voltou, voltou doente. Voltou para morrer em casa, e lhe entregar a responsabilidade de cuidar da mãe e dos irmãos. Tarefa que ele já fazia desde sempre, e mesmo magoado, continuou a fazer.

A essas alturas, sua irmã já estava trabalhando. Ela conseguiu fazer a capacitação para professora, e uma boa madame a ajudou a começar a trabalhar em um colégio. Ela pôde aliviar o irmão das responsabilidades. A gratidão e o reconhecimento foram decisivos para ela ser sua grande incentivadora para ele voltar a estudar, com quase 20 anos de idade. Agora, nenhum professor se atreveria a usar a palmatória nele, e ele contava orgulhoso, que não deixava o professor bater nos outros também. Ele era um touro forte de bom coração. Graças a minha tia Eva, ele fez a prova de admissão e terminou o ensino básico. Graças a ela, ele prestou concurso para operador de caldeiras da Petrobrás. Ele mergulhou nesse trabalho, onde se viu um petroleiro orgulhoso bem remunerado, com plano de saúde, podendo sonhar em casar com a mocinha linda, filha de um coronel de Ilhéus. Era o amor improvável se tornando realidade.

No dia do casamento dos meus pais, 19/03/1964, as alunas queridas de minha mãe, foram abraçá-la. Foi ela quem me apresentou o sentido maior da frase de Jung *"Conheça todas as teorias, domine todas as técnicas, mas ao tocar numa alma humana, seja apenas outra alma humana"*. Ela vive isso.

 A união improvável se concretizou. Para o espanto de muitas pessoas, que faziam referências às diferenças das origens étnicas, sociais e econômicas entre eles.

 Foi esse homem que teve que ver aquilo acontecer comigo. Ele que ofereceu o melhor de si para seus filhos, fazia questão de nos dar boas escolas e deixar a dispensa sempre cheia de comida. Foi muito triste pra ele. Foi horrível ver aquela tristeza em seus olhos. Eu já conhecia parte da sua história, ele não merecia ter mais nenhum desgosto. Minha mãe, orientadora educacional, administrou melhor, recorrendo aos seus conhecimentos sobre psicologia, aos seus estudos acadêmicos, ela já tinha pensado sobre muitas questões da vida humana, já tinha refletido sobre livros e em salas de aulas sobre as coisas da vida. Sua capacidade amorosa é, ainda hoje, surpreendente. Minha barriga mal estava aparecendo, ela colocava sua mão inteira em meu ventre e conversava com minha bebê: "Olá!!!! Seja bem-vindo ou bem-vinda! A vida é linda!!! Está tudo bem!!!" Como descrever uma mulher assim? É verdade que ela teve uma criação muito diferente de meu pai. Mas, muitas mulheres abastadas tiveram, e a safra de mulheres como minha Zeza, é raridade. Era a outra face da moeda. Duas grandes almas a quem devo a proeza dessa superação. Duas grandes almas, muito melhores que a minha, que tinham um amor imenso por mim.

Estavam muito machucados com aquilo tudo. Mas, se posicionaram ao meu lado. Fizeram com que meus irmãos, minhas tias queridas, meus amigos verdadeiros, pessoas próximas vissem, que eu ainda era filha deles, que eles estavam comigo, não me abandonaram, e assim, todos os seguiram. Claro que eu ouvi tudo o que precisavam me dizer, todas as broncas. Não lidaram com aquilo orgulhosos. Eles tinham que ser verdadeiros comigo, e tinham todo direito de estarem decepcionados e até apavorados. Mas, mesmo assim, se posicionaram ao meu lado. Não me deixaram sozinha na arena, não deixaram as ratazanas me destruírem. Eles estavam envergonhados, frustrados, até eu estava. Mas, o amor por mim, pesou mais. Se não fosse isso, eu não sei o que seria. Esse tantão de amor, me mostrou que eu devia a mim mesma esse mesmo quinhão de cuidado e zelo. Eu decidi, ingenuamente, que não os envergonharia novamente.

Nesse tempo, há 30 anos, uma filha que engravidava, não esperava que sua família simplesmente entendesse aquela revelação e vestisse a camisa do "orgulho filha grávida". A relação familiar tinha (tem) expectativas, como em qualquer outra relação. Acordos, crenças e sonhos compartilhados que criam a egrégora familiar. O que aconteceu comigo aos 19 anos, acontece todos os anos com alunas nas escolas. Todo ano aparece ao menos uma aluna grávida, com 14, 12 ou 17 anos. É um burburinho nas salas, nas reuniões de professores, uma lamentação só, e uma enxurrada de julgamentos. (Penso que todos que falam e julgam vivem em lares perfeitos, como nas antigas propagandas de margarina, tem casamentos felizes, filhos maravilhosos... E eu me descabelando, ainda hoje para manter as rédeas da minha própria jornada. Esse povo vive em que planeta mesmo?) *Preocupados* com as novas edições da série *gravidez na adolescência,* pensamos nas medidas que podemos adotar. Cheios de boas intenções, pensamos em um tipo de campanha mágica de alerta. E as gravidinhas vão ter que ouvir essa ladainha. Elas já tinham ouvido no ano anterior. E continuarão a ouvir nos anos seguintes. Começam as palestras, ou conversas informais nas salas de aula com pessoas muitas vezes despreparadas, apenas bem-intencionadas, que pensam estar com uma missão nas mãos e que precisam fazer algo para acabar com aquilo. Acontece frequentemente que a abordagem sobre o tema, coloca a mulher sozinha no centro das discussões.

Em uma dessas edições, para uma das nossas gestantes, uma menina muito jovem, que estava gerando gêmeos, foi pensado um chá de fraldas. Todos estávamos comovidos. Fizemos um grupo de whatsapp para facilitar a organização dos doces, salgados e decoração. Estávamos decidindo o dia que a receberíamos no colégio, para abraçá-la e entregar as fraldas. Chá de bebê para quem nem teve festinha de quinze anos. Tudo tão simples e bem-intencionado, que meu coração acreditou que se tratava da chegada de bons tempos para as adolescentes gestantes com quem tanto me identifico.

Pensei na minha família, na importância que foi me sentir acolhida por eles. Lembrei da sensação maravilhosa que nutriu minha esperança, de que nem tudo estava perdido, quando minha mãe e as suas amigas organizaram meu chá de fraldas para aquela gravidez inesperada. O suporte afetivo foi tudo para mim. Imaginei que seria o mesmo para nossa jovem menina-mãe. O que eu vivi, em meu chá de fraldas, só foi possível por causa de minha Zeza, minha mãe.

Ao contrário de meu pai, Zeza veio de um lar de abundância financeira. Entretanto, o mais importante, foi perceber que em ambos os lares, transbordava uma linda fé na santíssima trindade e na certeza que a caridade é a maior obra.

Nem tudo o que precisamos para nossa formação humana, decorre das ciências. Me parece ser bem o contrário. A fé, o amor verdadeiro, a amizade sincera, se fazem essenciais para nossa caminhada, e não deveriam ser tabus nos conteúdos e currículos escolares. Somos muito mais do que aquilo que se pode *ver com os olhos*. No final das contas, tudo o que realmente importa nessa vida, não pode ser calculado.

Não existe nada mais sagrado do que oferecer de si, inclusive de modo materializado. Através do que me ensinaram, a partir dessa congruência, aprendi a cultivar uma espiritualidade, que me conduz sempre para os braços consoladores e justos de Deus, Pai criador. Aprendi sobre um Deus que é amor, que sabe de tudo, que pode tudo. Sendo esse ser magnânimo amor, e por ser amor, é a perfeita justiça para todos os envolvidos. A Ele posso correr para um abraço restaurador, tendo feito algo vergonhoso, tendo errado, ou quando tenho algo lindo para contar, quando quero comemorar uma vitória. Deus sempre vai me ajudar a voltar ao prumo. Meu prumo, para que eu enfrente e possa seguir em frente.

Meus avós maternos eram Alcides e Hilda. Duas personagens inesperadas na história de Ilhéus. Reconhecidos pelas ações generosas com todos a quem lhes recorria, atuantes em todas as ações solidárias, eram ricos sem representarem o estereótipo dos ricos. Eram conscientemente solidários e generosos. Eu conheci os dois. Na porta da casa deles, se alinhavam pessoas para almoçar, tomar café, pedir ajuda. Todos eram atendidos. Passar as férias em sua fazenda era estar em outra dimensão, de paz e felicidade plena, com os meus amigos queridos, os filhos de seus trabalhadores que sentavam conosco para almoçar e jantar, vestidos com os mesmos casaquinhos de flanela, com botões de margaridas e borboletas, que minha avó mandava fazer sob medida, para eles e para seus netos, para que ninguém passasse frio.

Naquela cozinha a comida era feita no fogão à lenha pela preta Filó, que corríamos para abraçar. Suas saias tinham um cheiro maravilhoso. Meu rostinho de criança, alcançava sua barriga. Ela vestia muitas saias, um avental, uma blusa de tecido, que sempre lembro que era azul clarinha. Cheirosa demais! Um lenço na cabeça, sempre com uma colher de pau nas mãos. Ela sorria para mim. Dona Filó sorria para mim! Era uma bênção! Eu sorria de volta. Perguntava o que ela estava fazendo para o almoço, e ela me dava uma provinha. Isso era o paraíso! Seja lá o que fosse, era um manjar dos deuses! Eu saía correndo pela casa grande, naquele corredor de assoalho, ecoando meus passos. Quando ia me aproximando da sala da frente, diminuía o ritmo. Minha avó estava sempre lá, na sala de rezar. Terço nas mãos, joelhos dobrados para uma Nossa Senhora linda a nos olhar com seus olhinhos tristes. Como eu já tinha o sorriso de Filó, eu tentava ficar invisível e correr para meu melhor abraço, na casa mais iluminada, do meu mais querido amigo, pai... sei lá. Era para o abraço de seu Lió que eu voava. Oh meu Deus! Entrava em sua casinha pedindo, "licença Lió" ele respondia com sua voz rouca, baixinha, "pode entrar". E lá estava ele, uma presença indescritível, uma luz de ser humano, a paz de espírito em forma de gente. Nos abraçávamos, ele sorria, já com um travesseirinho minúsculo nas mãos, dizendo: vamos selar um cavalo?

Fim da tarde, voltava para um banho quentinho no banheiro perto da cozinha, onde já encontrava no ar o aroma de pão assando no forno, eu não sabia se ficava na fila do banheiro ou se ia pedir um pãozinho, agora para Dona Neves, outra presença mágica e forte, naquela fábrica de delícias que era a cozinha da fazenda. Tinha que tomar banho! "Nem adianta vir pra cá com essas mãozinhas sujas!" dizia Dona Neves. Era melhor obedecer. Minha mãe experimentou ainda mais encantos. O trem parava na estação dentro da fazenda. Meu avô chegava carregado de mimos, ela e suas irmãs o recebiam com uma musiquinha composta para ele: "Lá vem o trem, lá vem o trem, lá vem o trem pela estrada além, vem trazendo de mansinho meu querido papaizinho que não troco por ninguém…"

Ah vida, o que seria da vida sem as memórias? Quem muito recebeu, muito ofereceu. Zeza caprichou no meu chá de fraldas. Ela tinha um lastro grande de amor para lidar com as minhas rebeldias, e criou uma pedagogia só dela. Teve uma fase que eu andava indo muito para festas, e passando do horário combinado. Ficava de ressaca e recebia uma boa bronca. Lembro que em uma dessas noitadas, ao chegar em casa, encontrei minha cama com a coberta que eu mais gostava, tudo arrumadinho e cheiroso para eu deitar. Minha mãe deixou um raminho de flores e um bilhete: "Deus te dê uma boa noite de sono". Minha cabeça estava rodando, lembro que chorei e não tive coragem de me deitar naquela cama tão limpa. Não estava certo o que eu estava fazendo. E ela finalmente me fez ver.

Sua relação com a escola foi bem diferente da de meu pai. Enquanto ele corria da escola e das palmatórias, houve uma fase que ela quis ser interna do colégio de freiras da cidade. Talvez, nunca saibamos as causas que a fizeram optar por essa decisão. Sair de sua casa abastada, para ficar internada em um convento foi, no mínimo, estranho. Suas justificativas e explicações, não me convencem. O que posso dizer é que em todas as famílias, existem sombras, segredos e tristezas. Quero ter a elegância de minha mãe, para lidar com as fraquezas dos que amo, e com as minhas próprias fraquezas. Queria oferecer isso aos outros, do mesmo modo como ela me deu uma caminha aconchegante, para lembrar às minhas sombras que eu sou luz.

Uma escola finalmente entender o valor de um chá de fraldas para sua aluna grávida é o ápice da transformação da sociedade. Nossas coordenadoras podem ser incríveis, elas podem orquestrar ações sérias, com delicadeza e maestria. Se uma manada de elefantes cuida de cada novo membro, como sendo de todos, nós seres humanos, podemos fazer o mesmo. Além das fraldas, a nossa gestante, recebeu as vestes que uma policial feminina usa quando está grávida. Andou pelo colégio dignamente, até precisar repousar por orientação médica.

Penso ainda que um dos frutos que pudemos colher com a preparação do seu chá de fraldas, veio em um debate acalorado no grupo do whatsapp, sobre a campanha para redução da gravidez na adolescência, que me fez escrever uma carta aberta, temendo, por mais uma vez me indispor, afinal, vivemos nos últimos anos, uma polarização duríssima que atingiu em cheio nossa unidade. Engana-se quem pensa ser um jardim de flores, o espaço democrático das reuniões escolares que o professor participa. Escrevi pensando nos muitos homens da nossa unidade, quase todos militares, e na força pujante protetora que o masculino evoca.

Escrevi para o diretor militar estendendo a todos, a fim de sensibilizá-los. Escrevi assim:

Foto do Senhor Major PM Edson de Brito Júnior - diretor do CPMRG desde o ano de 2022.

Ao senhor diretor Major PM Edson de Brito Júnior e a todos os homens da nossa unidade de ensino,

Senhores, respeitosamente, venho pedir que se posicionem sobre a campanha que está sendo implantada na nossa unidade, sobre GRAVIDEZ na adolescência. Eu realmente, venho pedir aos senhores que tomem a frente disso, e tragam a discussão para o papel e responsabilidade dos meninos/homens que nos engravidam.

Nós mulheres, vimos sendo responsabilizadas por séculos, e apedrejadas. Quando o apoio parece que vai chegar para nós, ele vem impregnado de olhares tortos e discriminação. A sexualidade, os desejos naturais que todos sentimos sempre foram e serão tratados como pecaminosos. Responsabilizar apenas a mulher sempre foi e será o caminho dos covardes.

Eu quero convidar os homens da nossa escola para se posicionarem implicitamente e tambтом, abertamente, e liderar essa campanha. Muitos são pais de meninas. Muitos têm suas esposas. Todos foram gerados por uma mulher.

Vos peço essa ajuda, por ter sentido essa dor, quando engravidei e fui mãe solteira[1], e por toda minha vida... toda vez que a sexualidade feminina entra na pauta, somos vistas de modo equivocado, como se essas questões tão naturais fossem abominações. Essa pauta me toca profundamente. Enquanto escrevo, minhas mãos tremem. Ainda sinto na pele a dor por ter ousado viver e sentir paixão, quando reconheço em mim esses sentimentos.

Desde já, agradeço pelo espaço,
Professora Fernanda Kruschewsky

---

[1] Maria Fernanda, minha filha primogênita... eu passaria por tudo novamente, só para tê-la. Obrigada por vir através de mim. Te amo! Filhas, vocês encheram minha vida de felicidade. Amo vocês.

Enviei desse jeitinho mesmo, com erros, no ímpeto, pelo whatsapp no grupo e no pessoal daqueles que eu tenho contato e fazem parte da escola. O diretor prontamente se sensibilizou e considerou relevantes as colocações feitas na carta. Mais respostas vieram no privado. Todos demonstraram que compreendiam as colocações. Achei que valeu! Acredito que a abordagem da campanha sobre gravidez na adolescência será mais coerente com algumas verdades sobre o tema, ou pelo menos, sem reforçar os grilhões que só engessam nossas meninas. Posicionamentos surgiram, somaram, produziram reflexões. Tudo em uma escola, funciona melhor, quando produzido por muitas mãos. Lá temos mãos extremamente habilidosas. Se não fosse assim, nosso saldo de resultados não seria tão positivo.

Sobre as bebês da nossa gestante corajosa, nasceram lindas. Provavelmente, estarei aposentada, quando elas estiverem na idade de entrar no sexto ano. Provavelmente, não serei sua prof. Mas, hoje sou prof de muitos alunos de 10, 12 anos de idade, que suas mães tem 25, 28 anos... Sou prof hoje de muitos jovens que nasceram por gestações precoces. Onde a mulher assumiu tudo sozinha. E seus filhos tem uma chance, graças a essas mulheres bravas e suas famílias, que a todo custo conseguem seguir em frente, aos trancos e barrancos, e colocam suas crianças para estudar. A escola pública é muito mais valiosa do que se pode pensar. A escola e a família precisam caminhar alinhadas.

Antes de idealizar a família colaborando com a educação de seus filhos, é preciso desenhar diversos cenários, que podem ser áridos. A violência doméstica está onde mesmo? Somos as estatísticas, não a exceção retratada nas antigas propagandas de margarina. E a escola vem abraçando demandas muito maiores do que lhe caberia. Ai desses jovens se não fosse a escola pública, mesmo com toda sua complexa deficiência. É por isso que a educação precisa sair da UTI.

Vou tentar contextualizar, generalizando, como é o dia a dia dos alunos, os novos boinas azuis, que entram no sexto ano do ensino fundamental, aos 10, 11 anos de idade, e para os quais a nossa escola pública e militar se dedica. Muitos se organizam quase que sozinhos com suas fardas, mochila e livros. No horário que saem para a escola, seus responsáveis já saíram para o trabalho. Eles preparam o próprio café da manhã ou almoço e pegam o transporte. Precisam se arrumar e partir rapidamente, sem esquecer de nada, para se apresentarem na hora certa. Já vivenciando uma dinâmica de formação para cumprimento das suas responsabilidades. Ensinamentos que os levarão avante.

Cumprir o horário para entrar em forma, chegando e se apresentando 15 minutos antes do início da aula, quando a Subtenente Tânia ou a Sargento Mônica, atentas e com voz firme, conduzem sua equipe militar que dia a dia, olham sistematicamente se os alunos estão com o uniforme completo. Essa inspeção, definitivamente, não é apenas uma checagem do uniforme. A equipe olha além, e consegue detectar com esse procedimento, se os alunos estão bem. Percebem sinais que apontam se estão precisando de alguma coisa, se tomaram banho, se estão alimentados e até se estão com algum sinal suspeito de maus tratos.

Para quem vê um recorte descontextualizado da rotina militar, a inspeção da revista pode ter uma conotação bastante equivocada. Mas, para quem já assistiu esse procedimento por muitos anos dentro do colégio, já entendeu do que se trata. No dia a dia, olhar atentamente para o aluno, como ele se apresenta para as aulas, como ele está, é um processo persistente que traça um perfil do aluno, e estimula nele o autocuidado, a responsabilidade e o cumprimento das normas estabelecidas pelo regimento. Os alunos se colocam enfileirados "em forma" e são observados, às vezes questionados. Eles são vistos! Não estão mais invisíveis. Alguém, a quem devem respeito, olha seu corte de cabelo, sua meia, se a fivela do seu cinto está polida ("quero ver meu reflexo na fivela do cinto"), se a camisa está devidamente arrumada dentro da calça ou saia. Esse ritual sistemático é feito por alguém que está perfeitamente uniformizado como eles devem se espelhar, e é uma verdadeira aula para busca do amor próprio. Se trata de não abrir mão de estar limpo, bem vestido e bem apresentado. Todos são capazes de atingir.

Estando ainda "em forma" são instruídos sobre a semana. Quem serão os xerifes das salas, como a faxina será feita ao final das aulas, outras informações importantes, e finalmente, eles cantam os hinos. Cada dia da semana entoam um hino diferente. Em uma posição que lhe permite ver a todos os alunos, uma oficial frequentemente lidera esse acolhimento. Em sua voz firme, ela brada: Atenção escola! SENTIDO! E toda escola reage em uníssono. É uma demonstração diária de disciplina, força, e unidade! Aposto que os estudiosos sobre o comportamento humano e os neurocientistas, compreenderão a importância deste momento para melhor organização dos processos de ensino aprendizagem que virão em sequência, nas salas de aula com os professores. Dispensando as turmas ordenadamente para as suas salas, uma turma de cada vez, a oficial, ainda no palanque, vai lhes desejando um bom dia de aula.

Os alunos, sabemos como são... já fizeram *memes* em tempos de greve de ônibus com uma foto deles sentados numa carroça, dizendo que tinham que se apresentar de qualquer jeito, porque a *SubTenente* estaria lá cumprindo sua missão, mesmo com a cidade parada. Ainda bem que a relação deles é assim. Para ela, eles recorrem nos apertos, e confiam que ela se esforçará por eles. Mas, não gratuitamente. Eles sabem que precisam fazer a parte deles. O que é certo, é certo. Não há prejuízos quando se caminha certo. Sinto muita admiração e orgulho do trabalho desempenhado por ela e pelos militares da nossa unidade. Essa unidade é um lugar incrível, cheio de pessoas especiais.

Uma vez por semana os alunos se deslocam no turno oposto de todas as outras aulas para estarem comigo para as aulas de Educação Física, também precisam chegar 15 minutos antes. Se a aula for no primeiro horário, precisam chegar 6h 45 min. Para Educação Física, são dois shorts, um de tactel, outro por baixo de helanca e uma calça de tactel. Para as meninas um top de helanca azul royal, e mais a regata, camisa de manga e o blusão. As meias tem que ser brancas e os tênis pretos. O uniforme precisa ser conferido antes deles serem liberados para mim.

Quando assumo minha turma, eles se expressam eufóricos, voltam a ser crianças. Viram guris e gurias querendo saber o que será feito, qual o desafio, se iremos para quadra e se vai ter futebol. Toda a sistemática muda, considero a realidade provável de que brincam e jogam sem uma orientação apropriada, e não tem acesso a boas praças, quadras ou parques. Por isso, reconheço a importância desse espaço descontraído, lúdico e animado. Todo jovem precisa ser orientado sobre as possibilidades das vivências que a cultura do movimento pode oferecer. Valorizo as aulas práticas.

A contextualização da família do aluno que nós recebemos é fundamental para que possamos ser verdadeiramente úteis em seu processo de aprendizagem e amadurecimento. Em alguns casos, a família é determinante. Seria muito bom se pudéssemos conhecer mais sobre a história familiar dos alunos. Mas, é quase impossível. Dando 40 horas aula por semana, com uma ou duas aulas semanais por turma, uma professora como eu tem que ter cerca de 18 turmas. Isso gera uma média de 450 alunos com os quais interajo diretamente, por semana. Ou seja, uma demanda que faz desprender uma grande energia. Portanto, parece humanamente impossível conseguir identificar cada um dos alunos pelo nome, estabelecer o devido vínculo, em uma medida, que permita se criar a confiança para que eles se entreguem às propostas e o processo de aprendizagem flua melhor.

Mas, em alguns casos, aliás, em muitos casos, nós paramos mesmo. Paramos para conhecer a história do aluno. Precisamos saber sobre ele e suas peculiaridades. Nos inteirar sobre sua vida, onde mora, quanto tempo leva para chegar até nós, quem cuida dele, pontos simples que podem explicar, seu nervosismo, tristeza e baixo rendimento. Estudamos sobre o aluno de inclusão. Paradigma recente. A proposta da inclusão é muito abrangente e complexa. Não dá para fazer bem feito, sem as mudanças estruturais e recursos humanos capacitados. Não conseguiremos sozinhos. Desse jeito a inclusão verdadeira, será exceção.

Nas intermináveis reuniões, vemos que não estamos preparados para tudo. Vemos também que às vezes falta disposição e boa vontade. Até por tantos calos já abertos. Por tanta sobrecarga já em limite máximo e desumano para nós. Afinal, sentimos medos, temos nossos distúrbios também, e somos falhos. A maioria das ações que envolvem o professor não deveriam ser feitas no improviso, e na boa vontade. É arriscado demais. Posso contar alguns momentos críticos.

Tive um aluno "A", que chegou na escola quando as aulas já tinham começado, e era dia de aula prática - lançamento de dardos. Eu tinha arrumado a turma em 5 colunas com mais ou menos 6 alunos em cada coluna. E era dia de experimentar o lançamento de dardo. Os primeiros alunos empunhavam os dardos e faziam a execução do primeiro movimento, obedecendo as minhas instruções. Naquela tentativa, não deveriam se preocupar em o dardo atingir uma longa distância, apenas, fazer o movimento parecido com o que eu demonstrava. Nada muito técnico era pedido. Nem nossos dardos eram dardos de verdade. Ao lançar o "dardo" o aluno corria para pegá-lo e trazer de volta para que o próximo da sua coluna pudesse lançar. Quando chegou a vez do terceiro lançador, da primeira coluna, observei sua fisionomia de pânico. Era o aluno "A".

"A" estava sem cor, sem graça, com os olhos arregalados, buscando os meus. Me aproximei dele e perguntei se tinha alguma dúvida. Ele disse que não sabia como iria fazer. Me mostrou que a amplitude articular do seu cotovelo era bem pequena. Vi também que sua mão era atrofiada. Vi que ele estava muito constrangido com aquela revelação. A essa altura, pela interrupção do processo, todo mundo estava de olho na gente, querendo ouvir o que falávamos.

Aluno não é um anjo que sempre espera docemente e compreende as necessidades dos colegas. Aluno pode ser bem cruel. Eu tinha que dar uma solução rápida. Perguntei para ele: E o seu outro braço? Ele respondeu: é bom. Aí eu falei: Use seu braço bom. Olhei bem nos seus olhos, disse: você vai conseguir! Voltei para meu lugar, rodei o apito na mão, e disse: atenção, ao meu sinal. Priiiii. Todos lançaram. Inclusive "A". Os olhinhos dele me procuraram novamente, estavam brilhantes! Foi como se ele tivesse descoberto ali, que era inteiro do jeito que era. Que podia fazer tudo.

Como não fui alertada sobre isso? Como não chegou nada para mim, sobre a condição física daquele menino?! A escola não costumava deixar passar uma informação dessas. Quando busquei saber o que tinha havido, descobri que a família dele não tinha feito o devido relato. Fiquei chocada.

A família precisa cumprir seu papel. Não temos o poder de fazer tudo. Nem de interpretar todos os sinais sozinhos. Para se ter uma ideia, é importante relatar, às vezes chegam alunos que parecem não tomar banho. Que não fazem o básico de higiene. Na puberdade! No caso de "A", ninguém teve tempo ou o devido cuidado para informar ao colégio sobre sua limitação física. Depositaram-no sob nossos cuidados, sem nenhuma cerimônia.

E se minha orientação tivesse produzido um resultado constrangedor? E se ele reagisse mal, chorasse ou ficasse traumatizado? A família tem sua grande e intransferível responsabilidade. Família é um conjunto de pessoas simples, que abraçam seus papéis, vão tentando acertar, estão presentes na vida dos alunos. Essas pessoas cuidam, protegem, guiam e amam. É apenas isto. É tudo isto.

Vou contar umas histórias profundas sobre inclusão, e como algumas pessoas deixam seu legado e nos modificam. A família Ferreira do meu aluno Felipe. Um garotinho cego que justo no ano da Pandemia chegou a nossa unidade, estimulado pelo seu irmão mais velho Pedro que estudava lá. Vou começar falando sobre sua mãe, e a conversa preciosa que tivemos para a escrita deste capítulo. Vamos lá:

17 de fevereiro de 2023, dia do encontro com Elaine, mãe do aluno Felipe. Estava feliz por ela ter aceitado meu convite para falarmos da possibilidade dela contar seu relato de experiência quando fui professora de seu filho, nesta publicação. Feliz e muito ansiosa. Eu sabia que seria um grande momento. Saí de casa por volta das 7:15 pilotando, levando na minha mochila, chaleira elétrica, chás de vários tipos, xícaras, pires, colherinhas, toalha e um potinho cheio de melão cortado. Preparada para ficarmos confortáveis na sala do SEFD e gravar nossa primeira conversa em vídeo, para que eu pudesse escrever depois. Muita responsabilidade.

Quando cheguei no colégio, ela já estava na porta do pavilhão A, me esperando com aquele sorriso radiante. Nos abraçamos, ela logo notou que eu estava quase sem voz. Professora é assim mesmo. Muitas vezes, ficamos totalmente roucas. Como vamos gravar com sua voz desse jeito? Ela quis saber. Eu respondi que estava ali para ouvi-la, eu não precisaria falar. Nos sentamos nos banquinhos de cimento em frente ao pavilhão, enquanto eu tentava localizar as chaves da sala. Foi quando ela me falou: Mulher, eu nem sei como faremos isso... estou um pouco nervosa, quem me acalmou foi Rodrigo (esposo). E ela me contou, Nanda quando você me enviou o convite pelo whatsapp, falando que estava escrevendo um livro, e queria um capítulo sobre Lipe, com o meu relato de mãe, eu fui logo mostrar para Rodrigo, nós dois conversamos assim:

Elaine - Amor, veja esse convite (mostrou a mensagem no celular)

Rodrigo - É aquela professora que fomos na casa dela na pandemia, levar os presentes da turma para o aniversário dela?

Elaine - Sim, é ela. Foi professora de Lipe no sexto ano e um pedaço do sétimo ano. Eu vou dizer para ela, que eu vou pensar.

Rodrigo - Amor, para aquela professora, você não diz que vai pensar. Você diz sim.

Ao ouvir isso, me senti inteira no coração da família Ferreira e como em uma prece silenciosa, abracei ainda mais forte a minha intenção de, ao escrever, colocar no papel toda essa amorosidade generosa que eles transmitem. Ela me trouxe de volta dessa *viagem*, me perguntando, para que eu queria a chave da sala do SEFD, se eu iria pegar alguma coisa lá. Respondi que não tinha nada para pegar lá, que era para podermos conversar reservadamente. Ela fez uma expressão de quem não gostou da ideia, e disse: Mas lá? Tão fechado... Por que não vamos para um lugar mais agradável? Lembramos da Sapetinga (Sapê), logo ali pertinho, dava para ir caminhando até aquele pedacinho lindo dessa nossa cidade. E fomos.

São nossas atitudes, nossos gestos que traduzem quem de verdade somos. Preciso contar que nessa breve caminhada, encontramos um passarinho morto no chão. Não estava ferido, nem em decomposição, parecia que tinha acabado de morrer. Elaine me mostrou, lamentou e disse que não podíamos deixar ele ali. Se abaixou e pegou gentilmente a avezinha morta dizendo que precisávamos enterrá-lo. Procuramos um lugar, eu achei um pedaço de pau e cavei. Enterramos, e ela disse que era assim que faziam na casa dela. Eu apenas concordei, e absorvi mais essa lição, de se importar com qualquer criatura que esteja em nosso caminho, fazendo o possível para lhe dar um pouco de dignidade. Seguimos.

Poucos minutos depois, estávamos nos sentando nos bancos de madeira de uma das mesas da Sapê, em frente ao rio, embaixo de uma árvore linda. Descrever esse cenário é colocar a beleza e a serenidade em palavras. Ilhéus tem muitas paisagens assim. Continuamos conversando, quando eu falei que iria colocar o celular na mesa, já gravando nossa conversa, para irmos nos esquecendo que estávamos gravando. Até porque, esse material só iria a público se ela consentisse. Ela cruzou os braços, e eu vi que estava desconfortável. Ela e Rodrigo nunca pensaram em expor Felipe, ou de nenhuma forma constrangê-lo. Eu disse: pode acreditar, eu também não. Esse capítulo só será exposto se ao final acreditarmos que será para o bem de todos os envolvidos. Virei a câmera para mim e afirmei que não usaria a filmagem sem o consentimento dela, voltei a câmera para ela e disse que antes de saber sobre Felipe, queria que ela falasse quem era Elaine. Essa conversa confirmou o que eu já sabia, eu estava diante de uma história extraordinária.

No belo cenário, na baía da Sapetinga, nesta cidade do interior da Bahia que tanto amamos, onde gravamos essa nossa conversa, para que eu pudesse conhecer a história da família Ferreira, nos emocionamos algumas vezes. Elaine começou a falar. Contou entre suspiros, lágrimas e risos, um pouco da sua história:

"Conheci meu esposo Rodrigo no carnaval de Ilhéus. Tínhamos uma amiga em comum, ela nos apresentou e foi amor à primeira vista. Nunca poderíamos imaginar que esse namoro de carnaval duraria tanto. Nosso namoro parecia mágico e estávamos muito apaixonados um pelo outro. Com seis meses de namoro fui morar com ele na casa de seus pais. A casa era bastante espaçosa com seis quartos, cinco banheiros, uma cozinha, uma sala bem ampla e um quintal enorme. Na casa moravam ele, seus pais, duas irmãs, dois irmãos, uma cunhada, um sobrinho de 1 ano, uma avó muito sábia e um tio que tinha aproximadamente 50 anos - acometido de paralisia infantil. Fui bem recebida por todos da casa, mas todos me olhavam como se perguntassem: será que vai dar certo ela mora aqui?

Dia após dia fui mostrando meu valor, sendo prestativa com todos principalmente ajudando a vó Joaninha a cuidar do tio Tonho. Como era de costume, todos na casa pediam *a benção* à avó antes de dormir e ao acordar, depois de dois meses morando lá, eu tive essa permissão. Fiquei muito feliz com isso, passei a me sentir parte daquela família. Minha sogra sempre foi muito carinhosa, muito atenciosa, me tratava do mesmo jeito que tratava suas filhas, me ensinou a cozinhar e a ser uma boa dona de casa. Adotei minha sogra Maria como minha segunda mãe e sempre serei grata a ela por tudo. A minha primeira mãe, já era tudo em minha vida. Minha mãe, Elita, era só dedicação e amorosidade. Toda base da minha educação, eu devo a ela. Tive o privilégio de ser amada desde seu ventre. O que estava acontecendo, era que a minha família estava ficando maior. Nossa grande família não era perfeita, mas havia muita vontade de acertar e muito amor.

Depois de 6 meses morando com meus sogros tive o meu primeiro filho Pedro Rodrigo e ele foi o primeiro grande presente de Deus. Agarrei essa oportunidade de ser mãe com unhas e dentes, e me dediquei a criá-lo num lar feliz. Cinco anos depois comecei a sentir um leve enjoo, fiz um teste de gravidez e deu positivo. Dias depois marcamos a consulta com o obstetra Dr. Ernesto, quando constatou que eu já estava com nove semanas de gravidez. A data aproximada para o parto seria entre 15 a 18 de agosto.

Meu segundo filho, apressadinho, chegou bem antes do esperado. No início do mês de junho, tive um leve sangramento, fui às pressas para a maternidade de Ilhéus, onde o médico constatou que meu bebê com quase 7 meses, estava encaixado numa posição contrária, empurrando os pezinhos para nascer, causando esse sangramento. Nesse mesmo dia fiquei internada em observação. Durante a noite tive mais hemorragia. O quadro foi se agravando, tomei medicações injetáveis para não perdê-lo, mas, num certo momento, a medicação prescrita foi esgotada do hospital, o que ocasionou outro episódio com sangue. Através do ultrassom feito para avaliar o grau do sangramento, foi descoberto que eu estava com descolamento de placenta e com pouco líquido amniótico e o meu precioso filho corria risco de vida. Fui levada às pressas a sala de cirurgia classificada com cirurgia de parto de emergência. Ao mesmo tempo, o médico estava dando a Rodrigo, meu esposo, uma das escolhas mais difíceis da vida dele: O parto é de extremo risco, quem você quer salvar?

Naquele momento, deitada na maca, vi o desespero estampado no rosto daquele pai de 25 anos, prestes a perder a sua companheira e seu grande amor. Aos prantos, pedi ao médico que salvasse o nosso bebê. Meu esposo pediu em lágrimas que por favor deixasse tudo nas mãos de Deus e salvasse nós dois. Embora tudo tenha acontecido em questão de minutos, parecia que havia um longo filme passando em nossas mentes.

No centro cirúrgico, já sendo anestesiada, antes que eu apagasse de vez, pude sentir o médico começando a cortar minha barriga. Com toda minha fé orei à Deus, pedi que Ele fizesse o melhor para meu bebê e para mim. Chorando, meus olhos foram fechados. Felipe nasceu às 22:09 do dia 02/06/2018 com 1 kg 295 gramas 35 cm. Meu marido não pode vê-lo no dia do nascimento, pois nasceu com dificuldades para respirar que evoluiu para uma grave infecção respiratória. Meu pequeno filho precisou fazer algumas transfusões de plasma concentrado de hemácias. Quando o quadro estabilizou ele foi liberado para receber visitas na incubadora. Felipe ficou 20 dias internado dentro daquela caixa sendo monitorado por inúmeros fios, presos em seu corpinho e com uma mangueira com tubo de oxigênio.

É muito difícil descrever. (Ela chora, funga e continua a falar) Foram dias de muito medo para mim, que almejava apenas pegar meu bebê no colo. A cada dia perguntávamos se o nosso príncipe estava bem, fora de risco e ouvíamos a resposta cortante que não poderiam nos dar falsas esperanças. Não contavam que tínhamos, temos, Deus a nosso favor. Muitas pessoas haviam feito correntes de orações para que tudo aquilo passasse logo e nós pudéssemos levá-lo bem para casa. Gradativamente Felipe foi vencendo as dificuldades de seu nascimento e pude pegá-lo no colo pela primeira vez. Foi muito lindo, uma sensação de milagre, de graça, poder me sentir a mãe daquele pacotinho. Dignos daquele tamanho de confiança, eu e meu marido pudemos sentir a emoção de tê-lo em nossos braços, e sermos os responsáveis para cuidar dele. Fomos sendo envolvidos em uma energia maior, de esperança e de propósito. Uma força diferente estava surgindo dentro de nós dois. Essa força se mantém presente.

A jornada estava só começando, ainda no hospital, foi constatado um sopro em seu coração e também que ele tinha uma deformidade congênita nos pés. Surpreendentemente isso não nos tirou o sono e logo ficamos pesquisando como fazer para tratar. O pior ainda estava por vir. Depois de quatro dias, foi anunciada a minha alta do hospital, e eu prontamente disse que só sairia dali com meu filho nos braços e que eu jamais iria deixar ele sozinho. Respeitaram nosso momento e permitiram que eu ficasse até Felipe poder sair em meu colo.

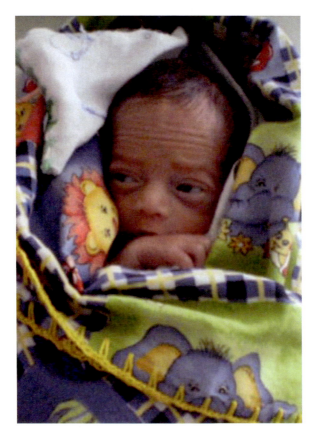

Felipe dias depois de receber alta. Um pacotinho de amor, envolvido numa mantinha protetora de elefantes e leões.

Naqueles dias, no berçário, presenciei o nascimento e o falecimento de dois lindos bebês. Foi uma das coisas mais tristes que passei em toda minha vida. Um dos bebês ficou três dias com vida, depois faleceu. Era uma menininha. O outro, um menino bem forte e comprido que pesava quase 3 kg, vi quando chegou, ele chorava alto, tinha muito ar nos pulmões e no dia seguinte... a cena que vi ao abrir a porta do berçário, foi ele ali, todo roxo e as pessoas dizendo que ele havia falecido. Como eu poderia ficar ali? Tive medo de presenciar o falecimento do meu bebê que era tão frágil e que a cada dia aparecia uma dificuldade nova. Eu estava vivendo experiências muito fortes, intensas e que eu jamais havia sonhado. Quem se coloca em meu lugar?

No terceiro mês depois da nossa alta notei que havia algo estranho no olhinho de Lipe. Liguei para a clínica e marquei uma consulta com oftalmologista que constatou algo estranho e nos encaminhou para o hospital de olhos em Itabuna. Examinado pelo retinólogo, foi sentenciado o *descolamento total das duas retinas por conta da prematuridade*.

"E o que é isso?", perguntamos ao médico. Ele nos disse que aquele seria o momento mais difícil para nós, e que se eu e meu esposo nos agarrássemos a Deus, tudo daria certo. O médico nos preparou e nos explicou da melhor maneira possível, que o exame ocular mostrava que nosso filho estava cego. Foi um choque para nós. Caímos em lágrimas. Como traduzir isso? Nosso filho não veria nossos rostos, o céu, as cores, as borboletas... Ahh, veria sim. Além dos olhos ele iria perceber o mundo, e estaríamos com ele. Mais uma vez, nos recompomos, olhamos um para o outro e decidimos que isso não era nada diante do que Deus havia feito para que ele sobrevivesse. Voltamos da consulta, conversando no carro, nós daríamos um jeito, ele teria uma vida normal porque nós faríamos tudo ao nosso alcance para que ele fosse muito feliz.

Nossa família não acreditou no diagnóstico. Meus sogros, minha cunhada Cléa e seu esposo Alfredo que moravam em BH, pesquisaram onde encontrar o melhor hospital, os melhores especialistas, para que fôssemos fazer uma avaliação. No mês seguinte fomos para Belo Horizonte. Fomos aos 8 médicos mais renomados de lá, mas todos disseram a mesma coisa e que era inoperável. Ficamos em BH por 5 meses, fizemos o acompanhamento dele com fisioterapeutas para ajudar em sua postura, cuidamos do sopro no coração, dos pés tortos e também fizemos fisioterapia ocular. Foram meses difíceis, eu não parava em casa, levando-o para as consultas e minha cunhada sempre me acompanhava. Às vezes ela falava pra eu ir tirar um cochilo e eu sempre acordava com ela colocando ele sobre o meu seio para mamar. 😊 Ela o tratava como um filho. Todos da família a apelidaram de mãe Ana. Voltei para casa e dessa vez era o meu primogênito que precisava de mim.

Pedro desenvolveu ansiedade. A psicóloga me disse que para uma criança de 5 anos passar tanto tempo assim longe de sua mãe, era como se ele tivesse sido abandonado por mim e esse medo de ser abandonado o deixou apavorado, ele não saía de perto de mim. Mais uma vez, contei com a ajuda da minha querida sogra e dos meus familiares para cuidar de Felipe enquanto eu dava mais atenção a Pedro.

Com o passar dos meses notamos que Felipe se assustava muito fácil com os barulhos externos de carros, motos, caminhões, crianças gritando na rua e procuramos ajuda de uma terapeuta ocupacional que nos orientou sobre como lidar com isso. Ficou claro ser importante a socialização e adaptação dele ao mundo. Precisávamos criar as possibilidades de inseri-lo socialmente. O melhor que podíamos fazer por ele, seria tirá-lo amorosamente da sua bolha.

Para ajudá-lo a fazer parte do mundo, a se acostumar com os barulhos externos e com outras pessoas, pensei que entrar em uma escolinha seria o melhor caminho. Não podia ser qualquer escola. Eu não conseguiria deixá-lo em qualquer lugar. Por isso, decidi conversar com minha cunhada, que era coordenadora da Escola Manancial onde eu trabalhava. Ela se dispôs a conversar com sua sogra, vice-diretora da educação infantil, sobre a situação dele e o meu desejo de matriculá-lo na escolinha. Afinal, sendo professora do maternal, teria mais facilidade de integrá-lo com as outras crianças, ensinando a conviver melhor com sua deficiência visual. Eu estaria perto identificando os ruídos internos e externos que ele tinha mais medo e o ajudaria. Estaria ali para apoiá-lo e encorajá-lo a enfrentar seus medos. Decisão muito importante para o bom desenvolvimento de meu filho.

Foi uma adaptação rápida e gradual. Quem diria que eu o veria brincar no meio das outras crianças. Aos poucos, ele já não se assustava tanto com os barulhos. Lembro que a escola tinha uma grande área verde que eles apelidaram de *quintal,* e uma rampa, uma pequena ladeira por onde eles amavam brincar, descendo e subindo até se baterem no portão de madeira só para fazer barulho. Lembro também, de um relato da professora Saionara sobre as preocupações de muitos professores com Felipe no recreio. Eles ficavam apreensivos e preocupados, ofereciam jogos educativos para Lipe brincar, o convidavam para ir a sala de tv ou a brinquedoteca porque tinham medo dele tropeçar, se bater nos bancos de cimento ou em alguma árvore, e se machucar. Era uma preocupação constante já que ele era um menino muito ativo, espírito aventureiro, curioso como a maioria das crianças e nada o fazia parar num só lugar. Bem, o que ela queria nos dizer é que ele gostava de brincar com os colegas maiores de pega-pega, baleado e corria risco de um colega bater nele sem querer e ele se machucar. Mas ele não estava preocupado com isso e nem tão pouco nós. Queríamos que ele pudesse vivenciar tudo que uma criança na idade dele fazia e se levasse algum tombo não teria problema. Falamos com a diretora Rosemeire, nos dispusemos a assinar um *termo de responsabilidade* para ele experimentar todas as brincadeiras no momento do recreio sem receio que ele se machucasse. A Escola Manancial foi muito importante nessa fase de vida dele e sempre que era o dia da aula do professor de educação física o tio Murilo, ele ficava muito ansioso porque sabia que iria ter brincadeiras que ele participaria sem problemas. As possibilidades dos movimentos sempre atraíram meu caçula.

O que eu e o pai dele queríamos, era que ele se sentisse igual as outras crianças da idade dele. Que pudesse brincar, correr e aprender os conteúdos de forma prazerosa. Na escola por onde ele passou, as professoras se dispuseram a me ajudar no que fosse preciso, mesmo não tendo nenhuma capacitação especial para isso. A verdade é que não sabíamos o que fazer, procurávamos dicas pela internet e aprendemos junto com ele.

No início pudemos perceber que os professores estavam preocupados em não atender as necessidades de Felipe já que isso era uma novidade para eles. Mas Felipe foi acompanhado de sua professora que o ensinava a escrita em Braile, Alessandra Café. Pesquisando na internet tomamos conhecimento que em nossa cidade tinha um órgão público municipal que oferecia atendimento especializado para esse tipo de deficiência e resolvemos ir lá conhecer. As meninas do Centro de Referência à Inclusão Escolar (CRIE) foram muito atenciosas comigo e com meu esposo e marcaram um horário para que nós pudéssemos conhecer a professora do AEE (Atendimento Educacional Especializado). Felipe tinha uns 2 pra 3 anos de idade na época. Fomos lá conhecê-la, mas não nos adaptamos ao local e decidimos que esse não era o melhor momento para deixar uma criança que tinha baixa imunidade e que sempre sofria de infecção respiratória. Tínhamos muito medo das crises de asma alérgica dele voltarem a ser frequentes, por isso esperamos um pouco mais. Voltamos a procurá-la no período da alfabetização dele, aos cinco anos de idade ele já estava mais forte. Começamos a fazer o atendimento especializado no CRIE e logo Felipe foi gostando cada vez mais de estar com a tia Alê. Ela o ensinou a andar de bengala e apresentou a ele uns joguinhos de encaixe feitos de madeira, um jogo silábico adaptado em Braille.

Os anos foram passando e Felipe chegou ao primeiro andar da escolinha, para cursar o fundamental I. Meire, a diretora, ficou receosa dele tendo que subir os dois lances de escadas, duas vezes por dia. Ele tirou isso de letra, independente, não deixava que ninguém subisse sua mochila de carrinho nem sua lancheira. Ele mesmo dizia que conseguia! A escola foi se adaptando às necessidades de Felipe, na medida do possível, e sempre o incentivava. Nessa época ele ainda não dominava o braille, mas era um aluno muito participativo e dava suas respostas oralmente. A maioria de seus coleguinhas cresceram com ele e era normal vê-lo caminhando por lá com bastante autonomia. Acredito que por isso, as crianças da escolinha tinham um cuidado especial com ele. Ajudavam a guiá-lo quando era preciso e não se importavam muito com sua condição especial (a deficiência visual) o tratavam com naturalidade. Surgiram os laços de amizades dentro da escola com colegas que o faziam se sentir especial e "normal". Ingryd, Milton, Maria Souza, Daniel Neto, Luize, Matheus e Maria Ribeiro gostavam de estar sempre perto, o deixavam bem à vontade e o ensinavam a fazer de tudo um pouco. Seus amigos do peito tem o dom de inundar de alegria sua vida. Foi, e até hoje é assim. Convidado para os aniversários, e algumas vezes passar os domingos uns nas casas dos outros, pude assistir seu desenvolvimento social acontecer. Ainda me impressiona. Acredito que o cuidado dos amigos com Felipe se deve aos bons ensinamentos de seus pais. É muito bom sentir que existem tantas pessoas boas. Isso é felicidade."

Nesse momento, quando precisávamos respirar por causa da emoção provocada pelo relato, conhecemos "seu Hélio". Um homem com aparência de um trabalhador rural na faixa dos sessenta anos, boné (substituindo os chapéus de outros tempos?), barba, cabelos e olhos pretos, parecendo um caboclo. Um encantado. Desses que vão abençoando a quem lhes permite um dedinho de prosa. Corpo forte, baixa estatura, vestido de bermuda e camisa de botão, uma sandália nos pés... trazia num carrinho de feira, dois cachos de banana verde. Sentou-se perto da gente, deu bom dia com sorriso de quem estava nos sondando, de quem não sabia como reagiríamos a sua presença. Acho que ficou surpreso. Não nos assustamos, não nos levantamos e saímos com medo, nem o tratamos com indiferença. Coisas que devem ser comuns em sua rotina. Ao contrário, sorrimos e retribuímos seu bom dia. Certamente o primeiro bom dia naquela manhã.

E seu Hélio, começou a falar sobre sua vida. A solidão de sua nova morada, depois que perdeu seu barraco, seus documentos, e um filho que anda por aí... ele quase perdeu a esperança. Vai vivendo um dia de cada vez. Hoje, iria tentar com "o amigo loiro que mora logo ali" recuperar seus papéis. O amigo prometeu ajudar, e lá estava ele levando um cachinho de banana, como gratidão.

Gente que gosta de gente, é assim. Chega convidando sutilmente para uma boa conversa, como que orquestrado pelo maestro da vida, para que o nosso rumo seja abençoado, e para que a gente também o abençoe. Levantou com o sorriso ainda mais aberto, e nos deixou leves, reflexivas e também sorridentes.

Elaine e eu, voltamos ao nosso bate papo, comentando sobre os fragmentos da sua história. Depois de ouvir todo seu relato, fiquei impressionada com sua força e a bela personalidade de seu esposo, Rodrigo, os dois tão jovens. Se fosse para definir em uma palavra a impressão que fiquei do ser humano Rodrigo, relatado pelo amor de sua vida, seria *raridade*. O encontro dessas duas almas deu certo no improvável carnaval da Bahia. No meio da folia começaram a namorar e se amar.

Rodrigo sempre se manteve ao lado da família. Seu maior tesouro. Atravessou os desafios, tornou-se um ótimo companheiro para sua mulher, e quando veio seu primeiro filho Pedro, ele sentiu o tanto de amor que cabia em seu coração. Infinito!

Fui desenhando em minha cabeça tudo o que acabara de ouvir. Elaine me contou que aos quatro anos, Pedro começou a pedir um irmãozinho para brincar. Pedido concedido. A gravidez veio e foi rápida. Antes do sétimo mês de gestação, aconteceu o parto do segundo filho. Momento de muito medo. A sequência dos acontecimentos desafiadores que toda família viveu, e que eu acabara de ouvir, me fez pensar nos sentimentos que o filho mais velho sentiu naqueles dias. É muito importante falar dele. Imaginar que quase sessenta dias depois da hospitalização de sua mãe, o pacotinho de amor teve alta do hospital. Aos cinco anos de idade, Pedro recebia seu irmãozinho.

Traçar o perfil de Pedro, será mais fácil acelerando o tempo para 14 anos depois do nascimento de Lipe. Em 28 de Abril de 2023, já me considerando amiga dessa família, encontrei Elaine no colégio. Ela me falou que Pedro estaria participando de um encontro com Cristo, naquele fim de semana, e que ao final ele receberia mensagens das pessoas que querem bem a ele. Se eu escreveria algo para ele. Eu fiquei muito feliz pelo convite. E minha cabeça começou a pensar naquele rapazinho. Mas, não escrevi nada. No dia seguinte peguei minha moto e parti para Salvador para celebrar os 94 anos do meu tio Careca. Meu Dindo querido e surdo. Não podia faltar. Queria dizer a meu Dindo que o amava. Não em libras... ainda não aprendi os sinais. Mas, falaria para ele ler em meus lábios, e o abraçaria.

No meio da estrada, parei num posto para esticar as pernas, e vi a mensagem: Nanda, não esqueça da mensagem para Pedro. Eu sorri aliviada, por ainda haver tempo. Sentei na lanchonete do posto, abri meu celular e a pasta dos meus escritos, e as palavras saltaram assim:

Mensagem para Pedro 🖤

Conheci a história de um menino que sonhava em receber um tesouro do Rei dos Reis. De tanto insistir, o Rei concedeu a esse menino o seu pedido. Entregou-lhe em um embrulho cinza e sem cor. Mas, o menino não teve dificuldade de reconhecer que era o seu tão sonhado presente.

Não ligou muito para o embrulho cinza. Afinal, era só um embrulho. E ele sabia que tinha pedido ao Rei um tesouro. Ele sabia que o Rei JAMAIS o decepcionaria! Ele sabia que o Rei dos reis por ele muito mais faria. O jovemzinho, emocionado e confiante, recebeu seu pacotinho. Rasgou a embalagem e lá estava um baú pesado, bem lacrado. Confiante nas promessas do Rei, o menino destrancou o baú - a senha era o AMOR - e viu uma imensidão de borboletas multicoloridas saírem. Ouviu uma doce flauta de anjo tocar. Sentiu uma brisa acariciar seu rosto de menino, e se emocionou ao sentir o doce perfume que saia do baú. O menino, muito emocionado, perguntou ao Rei: "Senhor, onde o Senhor encontrou esse presente tão lindo, tão encantado?" E o Senhor respondeu: Meu filho querido, tirei um pedacinho do seu coração. Toda essa beleza que sai do presente que você me pediu, vai crescendo enquanto você continuar crescendo. Seu mais lindo tesouro, são os frutos e flores que brotam de você." O garotinho agradecido seguiu seu caminho. Hoje ele é um rapaz. Quase um homem. E todas as vezes que ele abre seu baú, ele irradia luz, amor e esperança que envolvem a todos que estão perto dele.

Querido Pedro... eu escrevi pra você. Você é o menino que hoje está se tornando um lindo homem! Vc é um tesouro! Continue firme, cada vez mais íntimo do Rei dos reis! Que Deus te abençoe sempre!

Com muito amor,
Sua prof Nanda K, que muito te admira!

Ao terminar, fiquei emocionada. Era Pedro. Resumidamente colocado em palavras. E ele é, sem dúvida, um dos alicerces que sustentam e oportunizam os aprendizados desafiadores de seu irmão caçula. O crescimento não é unilateral. Afinal, o que mais pode ser uma família se não uma rede de apoio mútuo?

Alguns dias depois, recebi essa carta escrita por Pedro, em resposta ao texto que escrevi inspirada em sua bela personalidade, e em atenção ao meu pedido para que escrevesse neste capítulo:

"Conheci, através da professora Fernanda, a história de um menino que sonhava em receber um presente digno dos Reis, e inesperadamente ele recebeu o próprio amor. Assim que ouvi essa história não consegui deixar de pensar em Felipe e como nossa história era parecida, mesmo que meu presente fosse algo constante do meu imaginário, todo o amor e felicidade que ele trouxe, chegou de uma forma inesperada.

Tudo começou em um dia comum, nada fora do normal, exceto pelo repentino mal-estar da minha mãe, que a levou direto ao hospital. Até então era desconhecido, de minha parte, que ela carregava o meu irmão no seu ventre. Contudo, para aquele garotinho, de cinco anos, algo já parecia errado, então é descoberta a gravidez. O garotinho enche-se de emoção, finalmente o seu amigo, finalmente, o tão sonhado presente chegaria. Porém, uma notícia infeliz veio à tona, a bolsa de líquido amniótico tinha se rompido, o sentimento, antes de felicidade, é ocupado por um medo e ansiedade do que poderia acontecer com sua mãe e seu irmão.

Então Felipe nasce, com seus quase 7 meses, uma criaturinha minúscula e rosada, tão pequena ao ponto de perder-se entre os cobertores. Enclausurado em uma caixa de acrílico, monitorado 24 horas por dia, com um coraçãozinho fraco, seu corpo recém-formado... Estava ali o meu presente, distante de mim, e sua fragilidade me impedia de demonstrar todo o meu amor. Um sentimento de proteção cresceu repentinamente em mim e de forma inevitável, pura e sincera fiz uma promessa, "Irei acompanhar, cuidar e aconselhar essa pequena criatura para o resto de sua vida, independente do que aconteça".

Até então eu desconhecia a sua deficiência, os dias passaram, e finalmente pude chegar perto. Tamanha era a felicidade que nem coube naquele garoto, um sorriso de orelha a orelha surgiu, e a necessidade de mantê-lo bem só aumentou. Demorou bastante até que tentassem me explicar o que ele tinha de diferente, mas para mim pouco importava, pois eu o tratava como um semelhante. Contudo, com o passar do tempo comecei a notar as nuances da sua deficiência, tentei compreender as suas limitações, cada dia aprendendo como poderia ajudá-lo, como poderia guiá-lo nesse mundo. Desde então cumpro minha promessa cuidando do garoto extraordinário que ele se torna a cada dia, tentando prepará-lo para a sua autonomia, para que mesmo na minha ausência a promessa de estar ao seu lado permaneça presente."

Pedro Rodrigo Ferreira

Mergulhar nessa história, arrepia. Os elos do amor, lançam a partir dos nossos sonhos, possibilidades maiores do que jamais poderíamos pensar em nos tornar quem jamais pensaríamos ser. Nunca, essa história teria sido pensada por uma inteligência comum. A licença autoral magnânima, incompreensível para nós, nos oferece a desafiadora chance de irradiarmos luz, beleza e vida. São os propósitos da vida que vão ganhando forma, fazendo sentido, através das escolhas que vamos fazendo. Pedro, ainda menino, começou a se formar cheio de belos sentimentos, em sua humanidade, com seus receios e dúvidas, sentindo suas fragilidades e superando aos poucos, por aceitar e escolher acolher o roteiro que estava fora do script. Nessa dinâmica, amado e também acolhido pelo coração valente de seu irmão caçula, que escreve em braille sua história. Surgem a partir da sua existência, outros sentidos, outras percepções de mundo, de vida e de escola. Ahh família Ferreira, que lição!

Entendendo essa família, vejo de onde se nutre a força de Felipe. Ele sempre surpreende. Nas poucas aulas práticas que tivemos, antes da suspensão pela pandemia, ele topava tudo. Hoje será corrida! Hoje teremos salto em distância! Eu ficava com um friozinho na barriga, a cada proposta… Felipe… Esse menino, esboçava um sorrisinho de canto de boca. Era tudo o que eu precisava para manter a proposta! Nunca teve "plano B" para Lipe.

Fiz mais uma pergunta para Elaine. Eu precisava saber como ela avalia a história de sua família. Elaine contextualizou assim:

"Hoje, Lipe cursa o 9°ano, está totalmente inserido em um grande colégio, o Colégio da Polícia Militar de Ilhéus (disse sorrindo) e tem a graduação de 1° Sargento. Por ser um pouco tímido e bastante cauteloso, ele é um menino de poucos amigos; porém, dá muito valor às suas amizades. (Respirou e continuou) é muito afetuoso com todos e participativo em todas as propostas que lhes são oferecidas como atividades extras pelo colégio.

No ano de 2022 ele foi agraciado com a Medalha do Mérito Intelectual de Prata por ter sido o 2º colocado, no 7º ano do Ensino Fundamental de 2021 com a média de 9,208. Foi também promovido com a graduação de AL 2º SGT CPM. No ano de 2022 cursando o 8º ano ele ganhou a Medalha de prata por ter participado da 25º Olimpíada Brasileira de Astronomia e Astronáutica (OBA) e também ganhou a Medalha de Bronze por ter participado da 16º Mostra Brasileira de Foguetes (MOBFOG).

    Seu sonho sempre foi seguir os passos de seu irmão Pedro Rodrigo, um menino estudioso, meigo, carinhoso e que nunca mediu esforços para fazê-lo se sentir "normal" (ela faz um jeitinho com a cabeça, como quem só encontrou essa palavra "normal" para se expressar) procuramos sempre incluí-lo em todas as atividades que uma criança na sua idade faria. O levamos para fazer trilhas, passeios de barco, andar de bicicleta (tem até um vídeo!), empinar pipa, enfim o orientamos a fazer tudo aquilo que ele gostasse ou desejasse aprender. Por isso, quando ele pediu para seguir os passos do irmão no colégio CPM, não foi novidade para nós e sentíamos que Deus iria abrir as portas para ele e que nesse colégio de referência tudo daria certo.

    Passamos alguns meses sondando o que a escola teria oferecer e se ela o aceitaria caso ele passasse na seleção. Sempre ouvimos da antiga diretora, Dinorá Leão, que ele seria muito bem-vindo na escola que apesar de ninguém ter trabalhado com alunos portadores desse tipo de deficiência, se adaptariam a ele. Nosso sonho se realizou e em 2020 ele foi selecionado para cursar o sexto ano do ensino fundamental II. Para nossa tranquilidade, Alessandra Café, sua primeira professora de AEE, o acompanha ainda hoje. Ela passou a trabalhar dentro do CPM, e continua fazendo um lindo trabalho de Inclusão, de mobilidade e de escrita braille. Orienta os professores de como adaptar as aulas para atender as necessidades dele.

    Foi muito importante perceber, e me sinto no dever de deixar registrado, que os militares de todas as áreas e patentes se empenharam em nos acolher bem. O Capitão Sfalsin, diretor adjunto, nos recebeu no primeiro ano de Felipe com carinho e bastante simpatia. Cabo Patrício foi um ótimo professor, nos conquistando com sua gentileza, instruindo Felipe a ter postura altiva. Colecionamos boas recordações, são muitas, cheias de gratidão, por orientar meus filhos a serem fortes, a terem valores e mostrar que com disciplina eles alcançarão o sucesso.

    O CPM se tornou nossa segunda casa. Vi meu filho, rodeado de bons profissionais e pessoas de bom coração. Fiquei muito feliz e aliviada quando descobri que duas colegas dele da antiga escola também tinham sido selecionadas: Maria e Ingryd Caroline.

    Ingryd estudou com ele desde os 4 anos de idade, nossas famílias já tinham um laço de amizade e ele se sentia muito confortável de tê-la guiando-o para todos os cantos da escola e fora dela. Ela continuou fazendo isso no CPM por algum tempo até que ele se sentiu à vontade e confiou seu deslocamento a outros colegas novatos como Gabriel Dourado, Iago Dias, Erick Johnson, Luan Gomes e Athos Rafael. Essas novas amizades ficarão para sempre guardadas no coração.

    Com as mãos no rosto, Elaine demonstrou espanto - Nanda, ele fez 15 anos! Felipe está mais seguro de si, faz suas próprias escolhas e até aumentou seu ciclo de amizades. Ela fica em silêncio por uns minutos, e continua, agora com uma expressão pensativa: Eu não sei como é a realidade de um pessoa deficiente em outras escolas públicas, mas posso garantir que ele foi e é muito bem assistido pela coordenação e por todos os professores e militares do CPM Rômulo Galvão. Sei que o governo deveria disponibilizar mais recursos para todos os professores, incluindo cursos de capacitação e aprimoramento na área de inclusão. Todas as escolas deveriam ser bem estruturadas e equipadas para dar o melhor conforto, o melhor ensino para todas as crianças e não só as crianças que têm algum tipo de deficiência. Desejo que o que eu vivi até aqui, se torne realidade em outras escolas. Meu testemunho só me permite, agradecer e elogiar o colégio dos meus filhos. Nanda, encontrei professores que se importam de verdade com os alunos, como o profº Eudson Cardoso, uma pessoa especial para nós, exemplo a ser seguido! No período pandêmico, deu aula on-line de matemática e quando Felipe não compreendia direito o assunto, fazia aula extra pra que ele entendesse melhor e até trazia materiais táteis, feitos por ele para que o conteúdo fosse aprendido. Como agradecer por tanta dedicação? Ainda hoje, ele tem feito toda diferença na vida de Felipe. Sempre que Felipe tem dificuldades na matemática é o professor Eudson que o socorre. Os dois criaram um laço de amizade e a sintonia deles é muito linda. Tem assunto que eu acho que seria muito difícil de Felipe compreender e o jeito que ele ensina, faz com que sua mente se abra e ele resolve os cálculos rapidinho. Nunca iremos esquecer todos esses esforços. Fico admirada, quando um professor espontaneamente abre mão do seu descanso para vir à escola no contra turno tirar as dúvidas dele, ou quando fica na sala criando materiais lúdicos para trabalhar com ele. É inspirador todo empenho e dedicação! Admiro também a atual Diretora Cláudia Macedo, e todo corpo docente do Colégio CPM de Ilhéus, pela demonstração de sensibilidade e competência com relação à deficiência visual."

Elaine me abraçou. Um abraço afetuoso e feliz. Como se abraçasse toda escola através de mim. E eu... ainda não processei tudo. Cada vez que penso nessa história, reflito sobre muitas coisas, e descubro outras tantas. Sinto sempre mais orgulho do fazer pedagógico e desses meus colegas de trabalho, com quem compartilho meus dias.

Professor Eudson e Felipe, em um dos muitos momentos de transcendência pedagógica. Lindo exemplo de compromisso e dedicação.

"UNIDADE III"
Aulas de Educação Física também para Felipe

Capítulo III

2020 PANDEMIA. ANO QUE A TERRA PAROU?
Bastidores das aulas - Importância da coordenação
Planos de Curso e outras ferramentas
Desafios das aulas online e remotas

O ano letivo de 2020 estava começando com uma grande novidade, que deixou a escola inquieta. Receberíamos um aluno cego. Acredito, que como eu, todos estavam apreensivos. A escola precisava e queria receber bem esse aluno, que pouco sabíamos sobre sua vida. E agora? Parti para a revisão e adaptação do meu Plano de Curso 2019 sem saber nada, ou pouquíssimo sobre o assunto, e sem ter experiência nenhuma. Mas, antes de falar sobre como foi a ressignificação do meu Plano de Curso, preciso destacar a importância da escola ter uma coordenação atuante, e mais ainda, uma coordenação específica para a Educação Física escolar. Pois foi através da grande atitude pensada pela coordenadora do SEFD (Setor de Educação Física e Desporto), que me permitiu começar a criar coragem para virar o jogo. Esse processo de apoio, de conversa, de soma de vontade, mostra que ninguém faz nada sozinho, e graças a Deus, a vida nos envia anjos para guiar nossos passos, nos acolher, nos ajudar a pensar, e viabilizar nossa vontade de fazer o melhor. Somos o somatório das pessoas que nos rodeiam. Ninguém brilha por si. Isso é muito lindo!

A ação preciosa da coordenadora, foi convidar uma professora da UESC, especialista em Educação Inclusiva - Professora Camila, docente da Faculdade de Educação Física da Universidade Estadual de Santa Cruz (UESC) e organizar encontros dela conosco. Foram as devidas providências para nosso assessoramento que foram nos tranquilizando. Esse foi o meu primeiro e inesquecível apoio. Aprender com ela, acalmou muito meu coração. Senti firmeza no que ela transmitia. Generosa em partilhar seus saberes, descomplicada com a linguagem e profundamente conhecedora do assunto. 👏👏 👏👏👏 Era tudo o que eu precisava para começar a vislumbrar os caminhos por onde iria passar com o meu primeiro aluno cego. Aluno do sexto ano, no universo vasto da Educação Física, sendo eu uma professora que sempre apostou nas vivências práticas como principal instrumento didático pedagógico.

Pensando em enriquecer esse capítulo especial, em 14/03/2023, enviei uma mensagem para Camila, falando que estava escrevendo.

Falei para Camila, que estava escrevendo simples histórias, boas de contar, para aquecer o coração. Foi mais ou menos, como descrevi esse projeto, e fiz o convite para ela fazer parte disso, falando mais ou menos assim via whatsapp:

Boa noite Camila. Tudo em paz? Olha, estou construindo um livro de memórias das minhas aulas, em comemoração aos meus 25 anos em Educação Física. Minha pretensão é registar o que eu vivi, e o olhar de algumas pessoas sobre a minha história, sobre meu chão da escola. Bom... como esse chão da escola é feito por vários atores, aqui estou, te pedindo uma contribuição. No livro, tem um capítulo dedicado a Felipe. Eu ficaria muito feliz, se vc pudesse fazer um depoimento, sobre o que percebeu, como você sentiu aquele momento... como uma contação dessa história, a partir do seu ângulo de visão. E que pudesse transmitir algumas reflexões sobre inclusão... E torci pela resposta. Quando a resposta chegou, vibrei!!!

CAMILA DISSE SIM!!!!!!! Me enchi de ânimo! Quase um mês depois, ela me enviou o presente das linhas que seguem, e claro, me fez admirá-la ainda mais! Em seu relato, além de me emocionar, enxergo a sua alma feminina translúcida e das mulheres dedicadas que com toda justa gratidão ela nos traz. Protagonistas empoderadas e comprometidas com a própria história, sendo portais maternos (no sentido mais profundo da palavra) dando à luz novas perspectivas, novas realidades para uma educação cada vez mais valorosa. Apreciemos as palavras de Camila:

A vida realmente tem um propósito maior – a visão de uma professora pesquisadora

Camila Fabiana Rossi Squarcini

A vida realmente tem um propósito maior e para contar minha visão sobre isso, especialmente de como minha vida se cruzou com a da Fernanda e, indiretamente, com a do Felipe, devo voltar no tempo. Mas, antes, gostaria de destacar que me foi sugerido pela Fernanda passar um olhar mais técnico sobre o assunto para que você, leitor, possa compreender como se deu essa vivência que partilhamos pelo ponto de vista científico. Então farei uma mescla entre minha descrição e o que se tem na ciência a respeito da inclusão escolar de estudantes com deficiência.

Meu ponto de partida começa com minha graduação, em 1998, em Bauru, mais especificamente na Universidade Paulista Júlio de Mesquita, a Unesp, quando iniciei meu curso de Licenciatura Plena em Educação Física. No meu caso, a Educação Física foi minha primeira opção. Na verdade, confesso que era minha primeira e única opção, pois era a única que me via trabalhando uma vida toda. Lá na UNESP conheci a Professora Marli Nabeiro, figura ímpar na minha vida, pois de forma emblemática me construiu/ fortaleceu como estudante, professora, pesquisadora, mulher e ser humano. Não que minha família não me tivesse construído/ fortalecido, sempre me construiu/fortaleceu como fazem até hoje, pois família é tudo para mim. Entretanto, lembrem-se que começo a contar a história da graduação e como minha descrição será mais acadêmico-científica eu preferi fazer esse recorte.

Na ocasião a professora Marli me apresentou a disciplina de Educação Física Adaptada, que eu nunca tinha ouvido falar, e para você que também nunca ouviu falar trata-se de uma área do conhecimento onde se trabalha toda a amplitude da atuação da Educação Física pensada e organizada para atender pessoas com deficiência, transtornos globais de desenvolvimento e com altas habilidades/superdotação. Ou seja, foi a primeira vez que este universo se abriu para mim e ao me apaixonar à primeira vista, entrei "de cabeça" nesse universo. Cada vez que Marli entrava na sala de aula, eu me apaixonava ainda mais pelo conteúdo e a forma com que ela conduzia as aulas. Foi aí que a cada dia eu me aprofundava cada vez mais nesta temática, sonhando em um dia ser professora universitária nesta área, que nem a Marli. Nesta época tive a oportunidade de desenvolver várias habilidades e participar de vários projetos (de pesquisa e extensão). Também tive a oportunidade de frequentar diversos eventos científicos da Sociedade Brasileira de Atividade Física Adaptada, a querida SOBAMA (caso vocês queiram conhecer mais a respeito do SOBAMA, visitem o site: https://sbafs.org.br/). Nesses eventos me deparei com os maiores pesquisadores do Brasil nesta área, circulando ali ao meu lado. Imagine você circulando com os autores dos livros e artigos científicos que você lia, desenvolvedores de pesquisa, e lá estava eu, com Marli, que generosamente, me apresentava todas as "feras" da área. Lá vi a dimensão de quem é "Marli Nabeiro", nem sei se ela sabe ou sente isso, mas eu vi que meu propósito era maior, pois eu era (eu ainda me sinto) a "filha acadêmica" da Marli, portanto eu precisava "fazer bonito" para ela ficar orgulhosa. Neste período da graduação eu fiz minha iniciação científica na temática voltada para pessoas com deficiência motora e fui cada vez mais "mergulhando" nesse universo.

    Ao me formar na UNESP, voltei para minha cidade natal (Taubate - SP) onde trabalhei com o time de goalball da Associação dos Deficientes Visuais de Taubaté e Vale do Paraíba (ADV-Vale - http://advvale.org.br/). Goalball é uma modalidade esportiva inventada para pessoas cegas ou com baixa acuidade visual em que se disputam três contra três e o objetivo é fazer o maior número de gols. É um jogo bem motivante e o Brasil sempre tem posição de destaque nas Paraolimpíadas. Se você quiser se aprofundar nesta temática, dá uma entrada no site do Comitê Paraolímpico Brasileiro que lá tem mais informações sobre o Goalball (https://www.cpb.org.br/modalidades/56/goalball).

Voltando, nesta época fiquei com medo, mas com a coragem e a certeza de que teria o apoio dos atletas, do antigo técnico e do conhecimento que tinha adquirido na faculdade. Então, quando foi a vez da Fernanda, eu me senti no lugar dela. Sabe a empatia, então, foi o que eu tive vendo o que ela estava vivendo e queria oferecer para ela aquilo que tinha recebido, ou seja, o conhecimento, o apoio e as estratégias para vencer o medo. Foi o que fiz.

Nesta época eu fazia também uma especialização sobre educação inclusiva para pessoas com deficiência mental na Pontifícia Universidade Católica de São Paulo (PUC-SP, de 2002 a 2003). Lá tive contato com o pessoal da Educação e uma bagagem de leituras da Pedagogia. Então, duas vezes por semana estava eu lá em São Paulo imersa no conteúdo a respeito da deficiência intelectual e a inclusão escolar. Falando em inclusão, você sabe o que é uma escola inclusiva? De forma bem resumida é aquela que reconhece a diferença no processo educacional entre os estudantes (ou seja, cada um tem um processo diferente, uma forma e um tempo diferente de aprender) e, diante disso, adota práticas pedagógicas que respeita a participação de cada um e garante o progresso educativo de todos (RAPOLI et al., 2010). Veja, garante o processo educativo de todos respeitando seu processo educativo. Respeita o "eu" do estudante em tudo aquilo que ele é e o que ele traz, a "sua bagagem", e adequamos, enquanto escola, o conteúdo e as práticas pedagógicas para que ele aprenda. Mas, concordamos que isto não é algo simples, certo? O que foi traduzido pela Fernanda como insegurança e medo.

E não é simples mesmo porque é um processo considerado muito recente no meio acadêmico, muito recente mesmo, pois data do século XX. Para você ter uma ideia, quando iniciamos uma aula sobre a história da educação para pessoas com deficiência, iniciamos falando de como vivia a humanidade lá na idade da pedra (na pré-história) quando para sobreviver os humanos precisavam fugir, caçar, se abrigar. De lá para cá nós enquanto civilização perpetuamos mais a exclusão da pessoa com deficiência do que a inclusão (caso vocês se interessem em aprofundar mais a temática, acesse esse site de GUGEL, 2023 http://www.ampid.org.br/ampid/Artigos/PD_Historia.php).

Por isso o processo ainda não é fácil, não está claro na cabeça dos professores e, portanto, não é "confortável" para os professores, para os estudantes e para os familiares. Não é à toa que Kitchin escreveu em 1998 que a sociedade inclusiva ainda é fruto, consciente ou não, da exclusão ou marginalização. Porque ainda estamos "engatinhando" nesse processo. Já avançamos, mas ainda precisamos caminhar muito.

Por isso o medo, a desconfiança, o não se sentir preparado é natural. Saber desses sentimentos que a Fernanda compartilhou para nós, para mim soa muito natural e esperado, pois são sentimentos que demais colegas da Educação Física de outras realidades do país vivenciaram e que foi retratado em um artigo científico de Alves e colaboradores (2017). Sem falar que nem todos os professores tiveram em sua graduação um preparo para isso, uma disciplina, como eu tive com a Marli, o que ficou retratado também no artigo (ALVES *et al.*, 2017). No referido artigo, os professores que tiveram a disciplina na graduação relataram ter mais confiança de assumir uma sala inclusiva do que aqueles que não tinham.

Apesar do medo e a insegurança serem normais, quero deixar claro que eles não podem paralisar o profissional, impedir que em sua classe tenha um estudante com deficiência, até porque está na lei! Leiam mais sobre isso na lei Brasileira de Inclusão da Pessoa com Deficiência (n. 13.146 de 2015, BRASIL, 2023) e na lei de Diretrizes e Bases da Educação Nacional (no 9.394 de 1996; BRASIL, 2023). Mas devemos estar atentos sim de que tais profissionais precisam de empatia, de preparo, de suporte e apoio.

Neste momento, não sei se já está claro, mas vale destacar que ao falarmos de inclusão não estamos tratando de "colocar" os alunos com deficiência dentro da sala. De "largá-lo" lá e esperar que ele "corra atrás" para acompanhar a sala de aula. Isto não é inclusão, se trata, no máximo, de integração (se ele consegue acompanhar a sala) ou de exclusão mesmo, porque se ele só está lá fisicamente e não faz nada junto com a sala, ele nem incluído está, não é?

Foi aí que eu entrei nesta história. No começo de mais um ano letivo recebi uma ligação da Professora Ticiana Belmonte, que na época era coordenadora do Setor da Educação Física e Desporto na escola. Foi ela quem solicitou meu apoio, pois eles iriam receber naquele ano um aluno com cegueira e a equipe estava apreensiva no que fazer, como conduzir as aulas, enfim o medo do desconhecido, mas com a vontade de aprender e fazer o melhor deles.

Combinamos de fazer uma palestra (eu gosto mais de usar o termo conversa, pois facilita a aproximação e o diálogo). Neste dia eu contextualizei um pouco o que se tinha na área a respeito da inclusão, apresentei o que deveria ser feito, o como eles poderiam conduzir as aulas e o planejamento e os principais cuidados para se evitar acidentes ou a temida exclusão.

No panorama geral falamos sobre o conceito de inclusão, sua diferença com a integração, os benefícios da inclusão, trouxe a ideia da tecnologia assistiva, do colega tutor, da importância do plano de ensino e principalmente fomos tirando as dúvidas e os medos que emergiram conforme conversávamos.

Sobre os benefícios da inclusão, vocês sabiam que ela traz benefícios para todos? Vou pontuar alguns deles, que estão presentes no livro de Stainback e Stainback (1999) para que possamos refletir: para os alunos a inclusão aumenta a sensibilidade, a compreensão e o respeito entre os estudantes, o desenvolvimento de amizades e trabalhos, permite a convivência com a diferença individual desde criança, melhora as habilidades acadêmicas, de comunicação e de convívio social. Para o professor, elencam-se benefícios como a atualização e melhorias nas habilidades profissionais pois busca-se um trabalho consciente e eficaz que seja planejado e adequado às demandas de cada turma. E para a sociedade, o benefício é o de valorizar os direitos de todos independente de suas diferenças. Veja que todos ganham. Percebam também que nas escritas da Fernanda sobre a experiência com o Felipe vocês vão encontrar alguns desses benefícios sendo apresentados de forma bem clara, na prática.

Outra ideia que levei para eles no dia da reunião na escola foi o da tecnologia assistiva. A tecnologia assistiva é uma área interdisciplinar de conhecimento em que englobam estratégias, recursos, produtos, serviços, práticas, metodologias para promover a funcionalidade para que as pessoas tenham autonomia, independência, qualidade de vida e se sintam incluídos socialmente (BRASIL, 2019). Na área da Educação Física, esse conhecimento tem sido bastante investigado pelo professor Manoel Osmar Seabra Junior. Em uma de suas publicações, ele nos traz que a tecnologia assistiva está vinculada não somente a estratégia a ser adotada como também ao recurso pedagógico adotado (SEABRA, 2013). Mas o que seria isto?

A estratégia está vinculada à ação do professor em planejar qual procedimento será adotado para garantir com segurança a atividade planejada e, se a estratégia não funcionar, que outra estratégia será utilizada. E aquela velha ideia de já ir para a aula com o plano B, C e D já elaborados previamente. Perceba, a importância do plano de ensino, que ganha um destaque ímpar a partir daqui. Perceba também nas escritas apresentadas pela Fernanda o como o plano de ensino passou para ela de "perda de tempo" para um grande aliado. Colocar no papel o que se planejou do que será executado e das possíveis soluções serão adotadas são estratégias da tecnologia assistiva para aumentar a probabilidade de sucesso da aula (SEABRA, 2013).

Já o recurso pedagógico está vinculado a algo que conseguimos manipular, portanto, que é concreto e que tem um fim pedagógico. Neste caso, são os materiais e implementos para execução das atividades motoras requeridas (SEABRA, 2013).

Levei também a ideia da tutoria. Sabia que não tinha tempo hábil para executar a tutoria de forma ideal, mas queria inspirá-los, especialmente Fernanda para que adaptasse a ideia para a realidade deles. A tutoria também é um tema novo na área e foi introduzido pela primeira vez no Brasil pela professora Marli Nabeiro, mas a primeira tese defendida no Brasil com essa temática foi o da professora Joslei Viana de Souza, atualmente professora da nossa UESC (https://repositorio.ufscar.br/bitstream/handle/ufscar/2851/2135.pdf?sequence=1). Fazendo um parêntese, a professora Joslei, minha grande amiga, é outra personalidade da área da Educação Física Adaptada e do Sobama, que tive o prazer de conhecê-la na época em que era aluna da Marli e que hoje é minha grande parceria de estudos nessa área. É ela quem ministra as aulas desta temática no curso de Educação Física da UESC. Ela, assim como a Marli, também é referência nacional, e está aí em Ilhéus, conosco, no dia-a-dia, trabalhando e ressignificando a educação da nossa região.

Voltando, sobre a tutoria, resumidamente, é uma proposta de ensino colaborativo para que um aluno (no caso o tutor) auxilie o colega com deficiência a realizar as atividades da aula (SOUZA, 2008). Para tanto, alguns fatos (estou chamando de fatos, mas usem a terminologia que julgarem mais adequada) precisam ocorrer, conforme vocês podem ler na tese da Joslei (SOUZA, 2008). O primeiro é a voluntariedade. Para ser tutor, o aluno precisa se oferecer de forma voluntária, não pode ser algo obrigatório. O segundo é o treinamento que antecede o início das atividades. Neste treinamento os estudantes são preparados para entenderem o que é tutoria, qual é a deficiência do estudante, as suas singularidades, as necessidades, e quais as formas de auxiliá-los durante as aulas.

O terceiro fato que gostaria de trazer é a necessidade de ter mais de um coleguinha como tutor, para que eles possam ir fazendo um rodízio a cada dia de aula. Com este rodízio ninguém se sente prejudicado porque precisou acompanhar o aluno com deficiência a aula toda no semestre todo.

Outro fato que trago é o do feedback, ou seja, qual a técnica de ajuda que deverá ser dada ao aluno com deficiência. Aí eu te pergunto: se o estudante com deficiência está realizando um movimento de forma equivocada, por exemplo, de que forma o tutor vai intervir na ação? Nosso primeiro pensamento pode ser o de tocar no aluno para corrigir o movimento. Certo? No caso, esta deve ser sempre a última opção. A priori é interessante dar dicas verbais, depois fazer a demonstração do movimento novamente, seguido por uma assistência física inicial se ele ainda não compreendeu o como deveria ser feito o movimento aí sim, por último se dá a assistência física onde o tutor ajuda a realizar a tarefa. Destacamos aqui também a necessidade de sempre, ao fim da atividade, dar um retorno de como foi executado o movimento incluindo como prioridade uma informação positiva (Exemplo: "muito bem", "parabéns", "você fez exatamente o movimento que eu tinha pedido" etc.) e, quando for o caso indicar como poderia ser ajustado (Exemplo: "muito bem, melhorou bastante, veja se na próxima vez você consegue fazer com os braços mais esticados").

Bom, terminado este encontro no colégio fui para a casa realizada. Feliz. Feliz por todo aquele caminho trilhado por mim desde a graduação me permitiu ver que a vida realmente tem um propósito maior. Feliz porque sabia que Felipe estava nas "mãos certas", a Professora Fernanda. Isto porque naquele dia eu tive a certeza de que além do meu suporte com o conhecimento estava lá a professora Fernanda encorajada, não se paralisando diante do medo de enfrentar o desafio da inclusão escolar de um estudante com cegueira. Agora, com este livro, esperamos, eu e Fernanda, que mais professores, estudantes e familiares possam também se sentirem acolhidos e inspirados para que juntos possam oferecer o melhor ensino inclusivo para todos os estudantes das escolas. Sei ainda que os desafios educacionais são grandes, seja em Ilhéus ou em outras partes do Brasil, mas o caminho está aí. Por isso convidamos vocês, leitores, a seguir em frente sempre melhorando e evoluindo para termos uma educação cada vez melhor para nossos estudantes.

Referências do texto da Camila Fabiana Rossi Squarcini

RAPOLI, E. A. et al. **Perspectiva da inclusão escolar**: a escola comum inclusiva. Brasília: MEC, 2010.

GUGEL, M. A. **A pessoa com deficiência e sua relação com a história da humanidade**. Disponível em http://www.ampid.org.br/ampid/Artigos/PD_Historia.php. Acesso em: 12 abr. 2023.

KITCHIN, R. 'Out of Place', 'Knowing One's Place': space, power and the exclusion of disabled people. **Disability & Society**, v. 13, n. 3, p. 343-356, 1998.

SEABRA JUNIOR, M. O.; FIORINI, M. L. S. Caminhos para a inclusão educacional do aluno com deficiência nas aulas de Educação Física: estratégias de ensino e recursos pedagógicos. *In*: MANZINI, E. J. **Educação Especial e inclusão**: temas atuais. São Carlos: ABPEE, 2013. p. 237-251.

STAINBACK, W.; STAINBACK, S. **Inclusão: um guia para educadores**. Porto Alegre: Artmed, 1999.

BRASIL. Secretaria Especial dos Direitos Humanos. Coordenadoria Nacional para Integração da Pessoa Portadora de Deficiência. **Ata VII reunião do Comitê de ajudas Técnicas – CAT** CORDE / SEDH / PR. Disponível em: <https://www.assistiva.com.br/Ata_VII_Reuni%C3%A3o_do_Comite_de_Ajudas_T%C3%A9cnicas.pdf >. Acesso em: 12 abr. 2023.

SOUZA, J. V de. **Tutoria**: estratégias de ensino para inclusão dos alunos com deficiência em aulas de educação física. 2008. 136f. Tese (Doutorado) – Universidade Federal de São Carlos, 2008.

ALVES, M. L. T. et al. A aula de educação física e a inclusão da criança com deficiência: perspectiva de professores brasileiros. **Movimento**, v. 23, n. 4, p. 1229-1244, 2017. DOI: 10.22456/1982-8918.66851.

BRASIL. **Lei n 13.146.** Institui a lei brasileira de inclusão da pessoa com deficiência. Disponível em https://www.planalto.gov.br/ccivil_03/_ato2015-2018/2015/lei/l13146.htm. Acesso em: 13 abr. 2023.

BRASIL. **Lei n** 9.394. Estabelece as diretrizes e bases da educação nacional. Disponível em: https://www.planalto.gov.br/ccivil_03/Leis/L9394.htm. Acesso em: 13 abr. 2023.

Terminei a leitura dos escritos da Camila, e fiquei perplexa. Mulher gigante! Produziu um texto permeado de gratidão às pessoas que contribuíram em seu aprendizado, desde o seu desabrochar como professora de Educação Física Inclusiva. O que mais posso dizer depois de receber essas linhas preciosas da professora Camila? Muito obrigada!? Me parece pouco. Pois foi imensa sua generosidade em partilhar conosco seus saberes, seus anos de estudo, sua história de vida. Quero encontrar uma forma de deixar registrada minha enorme gratidão a você, Camila. Você me deu a paz que eu precisava para desempenhar meu trabalho com Felipe. Não existem palavras para descrever sua importância na minha atuação enquanto professora experimentando o desafio da inclusão. Muitíssimo obrigada!? Ainda não me parece suficiente. Então, desejo que sinta a mesma vibração da energia de empoderamento que me senti envolvida, graças a você, quando comecei a acreditar ser possível para mim, *dar aulas* para o meu primeiro aluno cego. *Dar aulas,* é um termo perfeito. Muito melhor que ministrar. É a simplificação generosa que diz: ofereço-me a você. A doação, a partilha do ser professora. Entregar-se, dar de si mesma, para que o outro se alimente de sua essência e possa expandir. Foi o que você fez para mim. É o que você faz. É o que os professores de excelência fazem. Através deste capítulo, sinta-se preenchida pelo meu reconhecimento e admiração. E como toda boa semente, que esse testemunho frutifique nas mãos dos leitores.

Luzes para as professoras de Felipe

Algumas semanas depois da maravilhosa palestra com a Camila, a escola trouxe uma segunda luz. Chegava uma nova professora para a linha de frente, Alessandra Café*. Craque em AEE. Deu muito certo essa parceria com a escola. Hoje temos uma sala apropriada para atender as demandas inclusivas. Um verdadeiro presente que Felipe nos deu! A dimensão do que isso representa, presentear a escola pública com boas parcerias, significa presentear toda comunidade escolar. Amplia-se o alcance da transformação de vidas quando uma escola pública é estruturada. Entenda a estrutura não só física. O óbvio comumente negligenciado, e não só nas escolas públicas. Afinal, já sabemos que os prédios que são belos, mas apenas blocos de concreto, mesmo com todo recurso tecnológico, não são garantia de escola de qualidade, muito menos, que formarão seres humanos com nota na média da dignidade humana. Basta pensar nas escolas dos países de primeiro mundo, onde pipocam os atentados terroristas. É preciso lembrar: Escola é gente. Gente que faz a diferença e se envolve. Gente que neutraliza e aquece o concreto. Gente é o que dá vida e beleza aos prédios.

Eu nunca tinha convivido com um cego. Minhas únicas experiências foram há mais de 25 anos na universidade, em uma aula em que o professor levou equipes de "futebol de cinco" para que nós assistíssemos como acontecia o jogo.

Bola com guizo, passeio antes da partida com os guias, mostrando as marcações da quadra, eles iam percebendo as distâncias, passando os pés nas linhas, e logo depois começou a partida. Os jogadores se esbarravam, eu tive receio deles se machucarem. Fiquei o tempo todo pensando, por que não outros esportes mais fáceis de controlar e evitar lesões? Com todo mundo enxergando, jogar futsal pode lesionar, imagine sem ninguém ver nadinha de nada?! Em seguida, o meu professor, nos colocou com vendas. Experimentamos entrar na quadra, repetindo o processo inicial do reconhecimento dos espaços e depois, apenas, tentamos chutar uma bola para o gol. Mesmo com guia, tive grande dificuldade para andar na quadra. Foi uma experiência intensa, marcante, que muito me ensinou. Eu pude ter uma ideia de como é não enxergar com os olhos.

Revi o filme *Ray*, biografia do pianista e cantor Ray Charles. Me detive especialmente ao momento em que sua mãe vê seu filho entrar em casa e lhe permite a maior lição da vida. https://www.youtube.com/watch?v=ZucAS74ShV4 Ela, resolve intuitivamente, deixá-lo se levantar sozinho depois de cair no chão da casa. Ela fica em silêncio, como se não estivesse lá. Assisti o filho parar de chorar e se levantar. Depois caminhar pela sala, tocar as paredes, ouvir os sons, perceber as texturas e mudanças de temperatura quando se aproxima do fogão. Até que o pequeno Ray nota o barulhinho de um grilo, e consegue capturá-lo. Ouvindo o choro ofegante e contido de sua mãe, ele se dirige até ela e lhe entrega o grilo. Esse me pareceu o momento da virada do destino na vida de Ray. Isso também me inspirou.

Eu tinha consciência da dimensão que aquelas aulas poderiam tomar. Eu sentia o peso daquela missão e sua importância para formação de pessoas diferenciadas, pessoas fora da curva. Eu precisava e queria dar conta. Queria fazer o meu melhor. Não somente para Felipe, mas para toda sala, para todo colégio e para muitas famílias. Afinal, todos iriam aprender. Aquela turma precisava ser minha turma Alfa! Todos deveriam ser tocados positivamente com aquela experiência. Inclusive eu.

O sexto ano A, se tornou uma equipe! As condições eram perfeitas para o desabrochar dos alunos, exatamente por serem desafiadoras. Essa turma me ensinou sobre honra e respeito de uma forma significativa, emocionante e linda! Foi transformador conviver com eles durante o sexto ano, e no ano seguinte, por alguns meses do sétimo ano. Vivemos aulas online pelo Google Meet e eu fui sendo tocada por eles, crescendo com eles e me reeditando em uma versão um pouco melhor a cada dia. Também gosto de pensar que juntamente com outros professores, contribuímos na construção das suas boas memórias, semeando a devida cota para a sublimação de bons valores em seus espíritos. Os alunos dessa turma são terrenos férteis. Alunos únicos. Turma inesquecível. "Como nós, nunca serão!"

Finalmente, chegou o momento da primeira aula. Eu estava atenta, assustada, ansiosa, mas, acima de tudo, querendo acertar. Camila e Alessandra regaram muito bem, a minha sementinha da vontade de acertar. Planejei levar toda a turma para a sala de lutas, por causa do tatame, onde pensei ser mais seguro, e facilitaria nossa comunicação. Precisava que todos me ouvissem, e que eu pudesse escutar todos eles. Assim, descartei os espaços abertos, campo de futebol ou campinho de areia para aquele momento. Planejei uma aula inaugural, com um breve bate papo, depois alongamentos, e algumas brincadeiras. Tudo planejado para que Felipe pudesse realizar. As brincadeiras serviriam também para "quebrar o gelo" e ir conhecendo como meus novos alunos se movimentavam, dentro de um ambiente mais controlado e confortável.

Como as aulas de Educação Física eram no turno oposto ao das outras disciplinas, o que era maravilhoso, os alunos iriam chegar apenas para minha aula, no horário marcado. Seriam nossos primeiros 90 minutos do ano, 28 alunos, uma professora e um propósito. Estava lançada a nossa sorte.

No horário certinho, estavam todos lá. Chegaram apenas dois alunos com seus pais, tão ansiosos quanto eu. Foram a mãe de Felipe e o pai de um outro aluno, chamado Iago (filho do CB Dias - funcionário do colégio. Na verdade, bem mais que um funcionário, um profissional proativo, comprometido em fazer o melhor pelo colégio). Nos cumprimentamos, fizemos nossas apresentações rapidamente na porta da sala de lutas e entramos.

Na fisionomia da mãe de Felipe, identifiquei logo em seus lindos olhos de leoa, a força e o amor. Mas, tinha também uma preocupação pulsante sendo abafada. Eu entendi como medo do que poderia ouvir de mim, do que ela captaria nas minhas expressões, no meu olhar, e medo sobre o que eu iria propor para o filho dela. Aquela mãe incrivelmente forte, já devia ter ouvido de tudo.

Pensei em uma fração de segundos, que traduziu um milhão de dados em minha cabeça, pensei nos tantos dissabores que vivi quando pessoas viam minha filha recém nascida com aquela cicatriz enorme na cabeça, tão magrinha em meus braços. Eu também sou mãe. Uma das minhas filhas, aos 3 meses de vida precisou fazer uma cirurgia no crânio. Colocar em palavras o que se sente em um momento desses é uma missão inatingível. Acontece que sentindo na própria alma uma angústia desse tamanho, por um filho, viver meses lidando com prognósticos, inseguranças, ouvindo médicos, sem poder desabar, deixa nosso olhar feroz e triste, apavorado e esperançoso. E foi o que captei naqueles olhos, de mãe para mãe, naquela mulher extraordinária. Elaine tem cerca de um metro e sessenta de altura, cabelos longos num tom castanho, um rostinho redondinho que parece um sol brilhando. Especialmente quando ela sorri.

Olhei para a turma que estava entrando na sala, mas, me detive naqueles dois pré adolescentes. Felipe estava sendo guiado por uma coleguinha, Ingryd Caroline, que já conhecia ele da escola anterior. Uma garotinha de olhos alegres e bem vivos. Formavam uma bela dupla. Bem entrosados, felizes e ansiosos. Me lembro de ter achado Felipe magrinho, e calado.

O CB Dias estava... indecifrável. Ele conhecia o meu trabalho, estávamos na escola que era a casa dele. Mas, havia algo no ar. Notei uma inquietação, um esforço para disfarçar o incômodo ou era preocupação? Tinha algo pulsando ali. Nos cumprimentamos e entrei na sala para a aula.

O ambiente de sala de aula vibra. Sabemos disso. Mesmo adultos, quando estamos num momento em grupo, num primeiro dia de aula, transpiramos um mundo de sensações, trazemos nossas próprias experiências e medos, sondamos o ambiente, construímos pensamentos, classificamos, rotulamos... Nossa cabeça não para. Mesmo que não estejamos conscientes. Aliás, não nos apropriamos da maior parte dessas impressões. Imagine na puberdade.

Aqueles alunos vibravam com uma curiosa ansiedade naquela manhã. Os risinhos nervosos, os olhares disfarçados observando seus colegas, avaliando uns aos outros, avaliando inclusive a professora. É delicado ser professora. No primeiro dia, é mais delicado ainda. Os holofotes estão especialmente apontados para você. Qualquer coisa, qualquer impressão, pode nos fazer "ganhar" ou "perder" o aluno para a aula que planejamos. Às vezes para todas as aulas que virão.

Como se tratava de início de ano letivo, e todos tinham vindo de outras escolas, eles ainda não tinham uma opinião formada sobre mim. Isso era bom para aquele momento. Eles ainda não estavam se comportando como um bando. Apesar de eu não saber nada sobre nenhum deles, nem pela rádio professor nas resenhas da sala dos professores ou pelos conselhos de classe, sempre me pareceu mais fácil guiá-los enquanto ainda não tinham se tornado um grupo fechado, com suas perigosas panelinhas niveladoras.

Era como se eu estivesse observando e ao mesmo tempo escrevendo com eles, um manual de conduta, a partir daquela primeira experiência, como uma folha de papel em branco, mas não tão em branco assim. Havia um ponto de convergência evidente. Esse ponto se chamava Felipe. A aula estava planejada, mas, o que de fato iríamos aprender? Pensar sobre isso é profundo. Existem momentos numa sala de aula, que o conteúdo mais importante, *a lição de hoje,* não pode ser prevista. E assim seria naquela sala de lutas. E eles já estavam me sondando.

Para os alunos se acomodarem no tatame, eles precisam tirar os tênis! E pedi que eles fizessem isso. Foi a primeira lição inusitada! Cada aluno precisou desviar o olhar da atração do dia. Tirar o tênis? Na frente de todo mundo? Automaticamente, se pensa, na meia furada, no chulé, em mostrar o próprio pé... 😊 Foi um burburinho. Dei tempo, não apressei o processo. Era preciso que eles voltassem suas atenções para dentro de si. Peguei a todos de surpresa. Fiquei muito feliz. Estávamos chegando no ponto para embarcar nas simples lições da proposta do dia.

E a aula? Fluiu! Pedi para que todos se sentassem no tatame, me apresentei, falando meu nome e explicando como seriam as aulas. Depois expliquei como seria aquela aula. Fiz a chamada. Chegou a hora do movimento.

Atenção, todos sentados no tatame em posição de cacique, com as pernas cruzadas, vamos consertar nossa postura, alinhar a coluna e alongar nosso corpo. Muito bem! Estão ótimos. Primeiro, estique os braços acima da sua cabeça como se fosse tocar no teto da sala. Fiquem assim enquanto eu conto até dez. Relaxem. Vamos repetir 3 vezes esse movimento. Mas, agora quero que comecem a prestar atenção no modo como estão respirando. Ao puxar o ar para dentro, na inspiração, eleve os braços. Quando forem colocar o ar para fora, relaxem os braços. Inspire pelo nariz e solte o ar pela boca. Joinha! Agora estique as duas pernas para frente. Pé com pé. Não vale dobrar os joelhos durante o movimento, estique seus braços para frente e vá dobrando seu corpo, sem dobrar os joelhos, como se você fosse tocar em seus pés. Pés unidos. E vamos repetir 3 vezes, prestando atenção na respiração, do jeitinho que acabamos de aprender. E fui fazendo todas as variações de movimentos dos alongamentos com os alunos sentados. De olho se Felipe conseguia executar. Em algumas posições, Ingryd, sempre ao lado dele, ia ajudando. E eu fui conhecendo esse menino esperto, que já sabia o que era direita e esquerda, não se intimidando com os exercícios. Nessa mesma aula, coloquei todos em pé, fiz mais uma série de alongamentos e iniciei uma sequência de *aquecimento*, com pulinhos no mesmo lugar, corridinha estacionária, em suas variações, tocando nos tornozelos, nos joelhos e claro, polichinelo. Felipe se saiu muito bem. Desengonçado como muitos dos seus colegas durante o polichinelo. Foi surpreendente! 😊 Felipe era só um aluno! Já chegando ao final da aula, era o momento das brincadeiras.

Fizemos "vivo" ou "morto". Todos de pé, quando a pró falar "morto" todos se agacham e esperam próximo comando. Se eu falar vivo, todos tem que se levantar. Se alguém trocar e fizer o movimento errado, perde uma vida! Todos tem 3 vidas. Se perder as 3 vidas, pode ir beber água. E assim foi... tranquila, engraçada e fácil de realizar. Uma aluna perdeu duas vidas e eu resolvi mudar a brincadeira para "adoleta". Não foi uma boa escolha.

É preciso formar uma grande roda de alunos, pedir para eles darem as mãos, depois soltarem as mãos e colocarem a mão direita em cima da mão esquerda do colega que está do lado direito, e a mão esquerda embaixo da mão direita do colega à esquerda. Como alguns alunos conheciam a brincadeira, foi fácil iniciar. Começamos a cantar e os tapinhas nas mãos iam passando de um por um. Só seria eliminado da brincadeira, para beber água, aquele que perdesse as 3 vidas. Adoleta é uma brincadeira alegre e cantada. Tem várias formas de se cantar. Os alunos conheciam essa versão: 🎵 🎵 🎵 A do le ta, le petit petit polá, *nescafé com chocolate,* 🎵 🎵 🎵 🎵 🎵 🎵 A do le ta, puxa o rabo do tatu, quem saiu foi tu, puxa o rabo da pantera, quem saiu foi ela, barra, berra, birra, borra, burra! 🎵 🎵 🎵 Quando a última palavra da cantiga era pronunciada, saía o último tapinha na mão, mas quem receberia o tapinha tinha que puxar a mão. Se estivesse desatento e deixasse bater, perderia uma vida. E lá estávamos fluindo a cantiga e nos divertindo. A aula já estava chegando ao final, quando um aluno mais empolgado, bateu mais forte do que devia na mão de seu colega, Iago Alves. E a brincadeira perdeu a graça. Iago era sensível e realmente ficou triste. Ele queria que eu comunicasse formalmente o ocorrido para punir seu colega. Eu achei melhor deixar na advertência oral que eu dei na aula. Meu aluno amarelinho saiu contrariado comigo. Eu até hoje, não sei se devia ter feito a comunicação escrita, para que o aluno fosse advertido formalmente. Era o primeiro dia de aula.

A família Alves, família do meu aluno amarelinho, merece um destaque especial nessas páginas. Essa família é protagonista de ações diferenciadas que vivemos. Eles ajudaram a escola a inovar. Abraçaram e nutriram com competência, lindos projetos. Totalmente envolvidos, desde o momento mais crítico, quando estávamos em aulas remotas, até os mais descontraídos e felizes, quando experimentaram "lançamentos de foguetes" em uma das praias de nossa cidade. Apresentar Débora, mãe de Iago, é um privilégio.

"Meu nome é Débora Alves dos Santos, tenho 46 anos, sou formada em Engenharia Agronômica, mas não cheguei a exercer a profissão. Trabalhei como assistente administrativo na Infraero e, desde 2009, precisei me afastar do trabalho devido a problemas de saúde. Fiquei anos de minha vida sofrendo por acreditar que eu não tinha mais utilidade e acabei desenvolvendo crises de ansiedade e pânico. Mesmo usando medicação, não houve muita melhora. Eu precisava de alguma atividade que me fizesse esquecer um pouco os meus problemas.

Quando iniciaram as aulas no ano de 2020, eu e meu marido estávamos muito apreensivos pois Iago, meu filho, estava saindo de uma escola particular, onde ele estudou desde pequeno, e passando para uma escola pública, o CPM Ilhéus, onde trabalha o meu marido Cícero ou o CB PM Dias, como é conhecido por todos. A princípio nosso filho não havia gostado da ideia e não sabíamos como ele ia se comportar ou agir. Tivemos uma grande surpresa ao notar que ele se adaptou rapidamente ao modelo do Colégio da Polícia Militar. Ele gostou principalmente do modo como os alunos se comportavam e a disciplina para ele foi o ponto alto, pois ele tem bastante dificuldade em se adaptar às turmas onde os alunos provocam desordem.

Quando começaram as aulas de educação física, elas aconteciam no turno oposto às demais aulas e meu marido é quem acompanhava o nosso filho. A princípio pensávamos que seria um problema, porque ele não gostava de fazer exercícios e não interagia bem com os colegas, mas a professora nova conseguiu convencê-lo a participar e, com o tempo, ele passou a acompanhar as atividades propostas durante estas aulas. Dias voltava sempre dizendo que ficava conversando com as mães e observando Iago fazer os exercícios propostos pela professora, e que achava muita graça por ele ter dificuldade em executar alguns movimentos propostos, como por exemplo, dar cambalhota. Ele dizia também que o colega dele, que é deficiente visual, às vezes se saía melhor que Iago, mesmo não tendo a visão do movimento executado pela professora.

Sempre que meu filho retornava, eu perguntava como havia sido a aula e ele dizia que a professora Fernanda Kruschewsky era muito boa, dinâmica, e que ele gostava de participar das aulas dela. Eu achava uma coisa extraordinária a professora ter conseguido convencer ele a fazer exercícios com o grupo. Já era um grande avanço para quem não gosta de interações em grupo e atividades que gerem barulhos e agitação na turma.

Quando chegou perto do mês de março, mais ou menos, recebemos a notícia de que os alunos não poderiam mais ficar presencialmente na escola, pois a pandemia havia chegado em Ilhéus e que todos deveriam aguardar as instruções para início das aulas online. Foi um período muito tenso, pois não sabíamos o que estava por vir e todos teriam que aprender algo novo e que poderia ser uma barreira para muitos estudantes que não tinham acesso à internet, assim como para os professores, que teriam que se adaptar a um novo método de ensino. Foram criados grupos de WhatsApp onde eram passadas as informações da escola, e onde os pais poderiam conversar entre si, e tirar dúvidas.

Foi neste momento que percebi que alguns pais tinham muitas dificuldades com tecnologia, e que o meu conhecimento poderia ser útil. Eu fazia uma agenda para Iago, onde eu anotava as atividades e ia marcando em um quadradinho ao lado, tudo o que estava sendo cumprido. Passei a compartilhar a mesma lista com os colegas dele, através deste grupo de WhatsApp, ajudando assim tanto aos pais como aos professores, pois muitas famílias não tinham como acompanhar as aulas online, e não sabiam o que havia sido proposto para a atividade em casa.

Foi neste cenário de incerteza, aprendizado e novidades que finalmente pude conhecer a professora Fernanda Kruschewsky, uma professora que passava muita calma e segurança no falar e no olhar. Aconteciam muitas atividades interessantes durante as aulas de Ed. Física e meu filho sempre me chamava para fazer com ele, e eu acompanhava como podia, os exercícios e jogos que ela propunha. Paralelamente, viramos um tipo de suporte para turma, sempre que havia algum problema com o uso da tecnologia durante as aulas, os professores contavam com ajuda da nossa família. A professora Fernanda então me pediu ajuda para organizar um site que ela criou, onde seriam passadas as atividades e o plano de curso e também seriam postadas as fotos e produções dos alunos. Nesta época já estavam surgindo amizades entre os alunos e entre os pais e os professores, pois todos precisavam interagir e se ajudar para aprender a lidar com esse novo período e os novos métodos de ensino.

Minha família estava sempre recebendo ligações e pedidos de ajuda tanto de alunos quanto de professores e viramos praticamente a TI da escola para resolver os problemas das aulas online. Estas atividades acabaram me ajudando a superar alguns problemas que eu estava passando devido a doença cardíaca que possuo constantes idas às consultas médicas e hospitais.

Creio que, tirando todo o medo da pandemia e o isolamento em que nos encontrávamos, este período que passamos ajudando a turma de meu filho, acabou aliviando um pouco o peso de nossas mentes, no sentido de ter algo útil para fazer. Os professores, assim como os alunos, estavam precisando se adaptar ao novo método de ensino e muitos não tinham habilidade em lidar com as ferramentas de uma aula online. Desta forma, passávamos bastante tempo tirando dúvidas e ajudando a resolver problemas com os telefones e computadores. Eu, particularmente, me apeguei bastante às aulas de Educação Física e, no segundo ano em que meu filho foi aluno da prof. Fernanda Kruschewsky, passei a ajudá-la ainda mais, com a parte de divulgação dos conteúdos das aulas e formatação do novo site da disciplina. Comecei a chamá-la de Nanda, a forma carinhosa como os meninos a chamavam. Iago ama o sobrenome diferente dela e fala sempre dando ênfase no sobrenome "Kruschewsky", acho que por ser incomum.

Foi um período de muito enriquecimento e colaboração entre as famílias que estavam convivendo virtualmente. Fazíamos reuniões usando Google Meet e conversávamos via WhatsApp para tirar dúvidas e dar feedback das aulas. Tentamos manter as crianças ativas, para que não sentissem muita diferença quando fosse possível retornar às aulas presenciais. As atividades em grupo foram divertidas, mesmo estando à distância e, nos horários da Educação Física, sempre havia uma forma de nos movimentarmos, seja jogando, dançando ou fazendo alongamento e yoga. A criatividade dos professores e alunos foi um grande diferencial para que tudo transcorresse da melhor forma possível. Sou muito grata por ter feito parte deste trabalho que eu creio que ficará na memória de todos os envolvidos. Foi um remédio para as minhas dores emocionais e me senti mais fortalecida e com energia para iniciar um projeto na escola, visando dar continuidade ao que começamos durante a pandemia, orientar os estudos dos alunos interessados em Astronomia, para que pudessem estar preparados para fazer as provas da Olimpíada Brasileira de Astronomia."

O testemunho de Débora emociona. Em sua primeira formação, estava o amor pela terra. Formada em Engenharia Agronômica, mas nunca exerceu a profissão. Quais os propósitos estavam sendo consolidados nas páginas da sua vida? As negativas da vida, que nos frustram são também as que nos elevam. Há um olho que tudo vê. Que está em todo lugar. Que sabe de tudo. Que pode tudo. Que uniu em uma mesma sala, alunos com seus pais, que atuaram por todos, no momento mais desafiador que nosso país atravessou. Colocou professores, parece que escolhidos a dedo, para estarem pastoreando e guiando, acolhendo e sendo acolhidos. Nos capacitou, não estávamos aptos para fazer o que fizemos, reforços chegaram, sinalizando os percursos e nos guiando. E fez ainda mais por nós: nos consolou em nossas dores, perdas e provações. Esse Olho sempre esteve conosco. Desde quando estávamos sendo formados no ventre das nossas mães. Débora, ainda partilha conosco, contando sobre sua vida, em como se tornou mãe:

"Logo depois que meu filho nasceu, na verdade duas semanas depois, eu sofri um infarto, porém isto não foi percebido pelos médicos que me atenderam na emergência do hospital; eu dei duas entradas dentro de 24 horas, mas isso foi interpretado como cansaço dor na coluna, devido ao após o parto e à posição de amamentação. Um mês depois eu tive uma forte crise de falta de ar e também precisei ir a emergência, chegando lá, o médico iniciou todo o monitoramento de forma correta, porém uma senhora idosa chegou infartando e retiraram os aparelhos de mim para colocar nela e, então, mais uma vez, o médico não percebeu que o meu estado era grave. Neste dia eu fui medicada como se estivesse sofrendo uma crise de asma pois estava com bastante falta de ar e dor no peito. O meu caso somente foi descoberto após dois meses do nascimento de meu filho quando eu encontrei a minha cardiologista e ela me perguntou por que eu ainda não havia retornado para consulta após o parto, pois precisava controlar a minha pressão arterial. Falei que estava muito cansada me adaptando à nova rotina mas que iria marcar a consulta.

No dia da consulta com a cardiologista ela solicitou a realização de um eletrocardiograma, depois percebeu que havia alguma alteração e queria conferir repetindo o exame em outro aparelho, pois não estava acreditando no resultado. Refeito o exame, ela me chamou junto com meu esposo na sala dela e nos comunicou que eu havia sofrido um infarto e que uma parte do meu coração havia sido prejudicada ficando uma cicatriz e que era por isso que eu estava sentindo cansaço falta de ar e não conseguia fazer as atividades de casa normalmente. Neste momento entrei em desespero e chorei bastante pois achava que iria morrer e deixar meu filho e meu marido sozinhos. Ela explicou que eu precisaria tomar medicamentos muito fortes e que seria prejudicial para o bebê, se continuasse a ser amamentado. Nesta hora a minha ficha caiu e eu não sabia direito o que fazer pois me preparei bastante para amamentá-lo o máximo que eu pudesse, porque eu sabia a importância da amamentação para o desenvolvimento dele. Eu aprendi como fazer para ter mais leite, lendo vários artigos e o material disponível na Pastoral da Criança, a qual eu fazia parte junto com minha família. Foi o dia mais triste da minha vida. Saímos para comprar os remédios e todo o material para tentar adaptar meu filho à nova alimentação. A mamadeira bico, leite e tudo o que eu mais desejava evitar que chegasse perto dele e que agora era a única solução possível para alimentá-lo. Fiquei arrasada, me sentindo culpada e, quando meu marido sugeriu que eu ficasse afastada, porque meu filho sentia o cheiro do meu leite e não queria a mamadeira, foi como se eu tivesse levado um golpe e eu só chorava.

Com o passar dos anos, comecei o tratamento para as crises de ansiedade e pânico, porém o meu quadro só melhorou depois que passei a participar das aulas de meu filho durante a pandemia e ajudar a turma dele através do grupo de WhatsApp."

Nada é por acaso. Nada é em vão. Tudo converge para o bem, há um propósito maior! Gratidão às famílias que cumprem seus papéis. Gratidão aos que se doam para muito além das obrigações. E sim, fazem por amor.

Planos de Curso

Plano de Curso adaptado para o ano de 2020/ Meu jeito, sem jeito de fazer Plano de Curso:

A minha história com Planos de Curso é engraçada. Preciso abrir um parêntese sobre essa questão. Eu já ministrava aulas de Educação Física há alguns anos, quando compreendi que para aprimorar minha regência era preciso fazer as pazes com uma ferramenta muito especial, que antes eu enxergava como muito trabalhosa, muito chata e desnecessária. Definitivamente, ficar escrevendo parecia uma perda de tempo. Até porque eu já tinha *tudo planejado em minha cabeça*. E foi essa justificativa que eu dei a um supervisor da UESC, Drº Cristiano Bahia no ano de 2009, quando ele reservadamente me perguntou sobre o plano da aula que eu acabara de dar. Ele estava levando um grupo de estagiários de Educação Física para observação das minhas aulas.

Delicadamente, o professor me incentivou a colocar no papel. Acendeu uma luz. Parei para colocar em ordem o meu Plano antigo, que já estava totalmente modificado por novas propostas, e em quase nada refletia meu trabalho. Recriei o meu plano piloto, descartando muitas coisas que não são úteis para minha disciplina.

Realmente, há um monte de requisitos pouco adequados à Educação Física nos relatórios e planos de aula que nos são dados como modelos. Elaborei um plano mais enxuto, mais realista, mais coerente com meu componente curricular, com minha escola e comigo. E assim fiz também com os relatórios que me são solicitados. Meus relatórios e Planos são feitos com imagens ilustrativas, fotos dos alunos executando os desafios dos movimentos, links de vídeos para explicar, exemplificar e tornar claro os propósitos dos conteúdos adotados e suas metodologias. Infelizmente, não são considerados válidos pela coordenação pedagógica, mesmo que admirem, porque não correspondem ao modelo padrão.

Outra dificuldade minha, é preencher a caderneta (frequência e conteúdo) no modelo tradicional adotado pela Secretaria de Educação do Estado da Bahia. Acho sem meias palavras, um saco! Passamos um bom tempo preenchendo papéis, que, francamente, ninguém lê e o que é pior, contribui em quase nada para uma Educação de qualidade. Fico pensando no propósito de nos impor esse ritual, num tempo onde outros recursos e outras metodologias podem deixar essa tarefa mais dinâmica e produtiva. Esses modelos são os mesmos desde quando minha mãe era professora! Cadê a proatividade, o uso criativo dos recursos, a valorização do tempo do professor, a prática docente motivadora e alinhada com as necessidades das unidades de ensino? Em nossa escola foi criada pelo CB PM Dias uma planilha simples e eficiente, que já soma as notas dos testes, com a avaliação qualitativa e coloca a média. Além de sinalizar a pontuação total e se o aluno que vai precisar da prova de recuperação. Infelizmente, nos foi negado o direito de usar essa ferramenta. Fomos instruídos pela obrigatoriedade do uso das obsoletas e cansativas cadernetas.

Apresentei nos últimos tempos, o meu Plano em sites. Convidei colegas de outras áreas a fazerem parte, mas desanimamos. A proposta não validada pela escola, naturalmente, foi excluída. Não fazia sentido elaborar algo novo, em forma de site se não tivesse o reconhecimento desse trabalho. Desmotivada, abandonei os sites: Educação Física que Apaixona, Educação Física que Arrasta (em referência ao lema do colégio "o exemplo arrasta") feitos em 2018, quando fraturei o pé, dando aula de iniciação ao basquete. Durante minha recuperação, literalmente com o pé pra cima, tomei gosto em escrever e inovar essas propostas.

Na *rede*, são criados entraves para inovações dentro da escola. Ao mesmo tempo, assistimos, impotentes, a um show de horrores repetido ano a ano que vem da cúpula que rege a Educação: seus programas. Já tivemos inúmeros programas que só desgastam a imagem da escola pública. Do PEI (será que alguém lembra disso) em suas edições I e II, até a bagunça dessa proposta do Novo Ensino Médio. Um rock louco, improdutivo e desarticulado que é imposto a quem está no chão da escola, e não é levado em consideração. Não seria mais coerente, se esses planos de ação melhorassem substancialmente a vida do professor? Inclusive no aspecto financeiro?! O fazer pedagógico depende de quem? Quem está na linha de frente? Melhorar a qualidade da Educação negligenciando o professor da Educação Básica, passar décadas com ideias mirabolantes, seria uma bagunça intencional? Seria válido se pelo menos, houvesse uma flexibilidade para que cada região ou unidade, pudesse gerir, através do seu colegiado, os rumos que cada escola deve adotar na implantação dessas propostas?

Ter uma Base Nacional Comum Curricular, não seria o suficiente como caminho norteador para as escolas? As justificativas para adoção dessas medidas que vem de cima, são as mais inconsistentes. Ao meu ver é claro. Argumentar, por exemplo, ser necessário enxugar o currículo dos alunos do EM para que os alunos só estudem o que for essencial, me entristece.

Acredito de verdade, que o problema do processo de ensino aprendizagem, não está na grade curricular, ou no grau de dificuldade dos conteúdos propostos. Acredito que pode estar muito mais na forma como esse processo didático pedagógico funciona. Francamente, penso que nivelar por baixo os conteúdos e reduzi-los para facilitar o aprendizado, não é a saída. Os problemas que estão sendo diagnosticados através dos estudos para avaliar o ensino, tem apontado que nossos estudantes não conseguem efetuar as 4 operações, ou interpretar um texto simples. E com certeza, a falha não deve ser imputada ao aluno. As medidas facilitadoras poderão aumentar as notas dos índices que avaliam a Educação na Bahia. Mas, na realidade, não vão atestar que houve uma melhora na qualidade do ensino.

Enquanto nas salas de aula não se adotar uma dinâmica diferente, para que o professor possa dar uma boa aula, um ambiente estimulante e propício ao aprendizado, permaneceremos perdendo essa batalha. Não adianta mudar o conteúdo, e manter professores e alunos em salas insalubres, sentadinhos alinhados olhando para o quadro, num calor insuportável ou com goteiras, ou com o teto desabando, medo de pane elétrica, e até com banheiros sujos, espaços decadentes, sala de professores esquecidas, reuniões mal planejadas, falta de material para trabalhar, que vai desde o piloto para os quadros, papel para impressão de atividades, materiais esportivos, e muitos outros itens. O que muitas vezes leva o professor a fazer "vaquinhas" para conseguir realizar os projetos. Sei que para algumas escolas da rede o problema é ainda maior. Essa queixa, não se aplica pesada para a realidade que vivo, especialmente quando comparada às realidades relatadas pelos nossos colegas, professores de outras unidades. Como ouvi em muitas reuniões: a sua escola é "diferenciada", "nem parece uma escola pública".

Sobre a grade curricular, eu duvido muito que as escolas particulares que primam pela excelência do ensino, vão deixar de oferecer um currículo completo. Duvido muito que as escolas que formam jovens para carreiras e cargos de primeira categoria, preparados para elaboração de raciocínios mais complexos, vão nivelar "por baixo" a qualidade do seu ensino. Suprimir conteúdos é um crime. Uma afronta. É afirmar que o aluno não é capaz de aprender. Quem vai dizer o que é importante? Quem vai determinar a capacidade de alcance do aluno? Esquecemos que a escola pública já foi uma escola exigente? Dela saía a nata intelectual. E tenho certeza, que se aqueles estudantes fossem submetidos às mesmas avaliações feitas hoje, como a prova Brasil, eles teriam uma média muito melhor. Talvez devêssemos pedir para os avós dos alunos fazer as provas em seu lugar. Eles certamente escrevem melhor, interpretam melhor e até calculam melhor.

Ao se debruçar para compreender uma fórmula matemática complexa, escrever uma frase corretamente, executar um movimento mais elaborado, você oferece estímulos que abrem portais no cérebro humano, aprimorando a capacidade de percepção, mesmo que você nunca mais execute uma *manchete* ou use aquela *fórmula*. Talvez, o que precisa ser reestruturado, seja para nos reconduzir ao ponto de qualidade que já tivemos enquanto escola pública, adaptando-o à realidade moderna com novas formas de abordagens metodológicas também para o modo como esses conteúdos são cobrados.

Na minha escola durante a pandemia, vimos uma equipe que se dedicou a fazer a diferença. Nos apoiamos, discutimos, choramos e abraçamos a missão de ser esteio para nossos alunos e suas famílias. Abrimos sala no Classroom, disponibilizamos material físico para aqueles com dificuldades com a internet e as ferramentas remotas, fizemos reuniões virtuais, enlouquecemos com a *busca ativa* pelos alunos, ligando através dos nossos telefones para suas famílias, querendo resolver os problemas da nossa unidade. Vimos no que deu. Sem soltar a mão de ninguém, no final, nadamos, nadamos e morremos na praia. Sem soltar a mão de ninguém, a mensagem que ficou foi de que todos nós nos afogamos juntos. Nosso empenho foi em vão. Nenhuma das nossas ações nesse período foi valorizada pela SEC. Fomos atropelados por medidas que desconsideraram nossos esforços. A mensagem que ficou daqueles dias desafiadores: quem não se esforça para atingir as metas é aprovado, e quem se dedica, se supera, enfrenta os desafios, é rebaixado ao nível de quem nada fez.

Fechando este parêntese, com o acender da luz provocada pelo professor da UESC, o Plano de Curso e eu nos tornamos uma bela dupla. De um lado, a criatividade, as necessidades dos alunos, as intenções, e um vasto arsenal de conteúdos que podem ser aplicados a partir das várias propostas metodológicas, nas mais diversas formas. Por outro lado, a engrenagem que organiza, fundamenta, prioriza e de fato viabiliza que o processo de ensino aprendizagem possa acontecer com eficácia. Revisitado, reelaborado, e todo ano, balanceado entre resultados positivos e negativos, para em 2020, ser um Plano inclusivo, preparei o seguinte:

PLANO DE CURSO 2020
6º ano do Ensino Fundamental
Disciplina – Educação Física Escolar/Ensino Fundamental

Professora – Fernanda Kruschewsky Pedreira da Silva

" A Educação Física no contexto escolar possui uma particularidade em relação aos demais componentes curriculares. Trata-se de um componente que contribui para a formação do cidadão com instrumentos e conhecimentos diferenciados daqueles chamados tradicionais no mundo escolar. O conhecimento da Educação Física é socializado e apropriado sob manifestação de conjunto de práticas, produzidas historicamente pela humanidade em suas relações sociais. Portanto, trata-se de uma área de conhecimento que exige espaços e tempos diferenciados dos espaços e tempos tradicionalmente tratados na escola, uma prática que exige ambiente físico amplo, arejado, protegido do excesso de sol e da chuva, equipado com materiais apropriados, que requer ajustes circunstanciais para o desenvolvimento dos temas específicos."

(Orientações Curriculares para o Ensino Médio, 2008
Linguagens, Códigos e suas Tecnologias/
Conhecimentos de Educação Física, pág 224
Ministério da Educação – Governo Federal)

Descrição Inicial:

- Plano de Curso Inclusivo de Educação Física para o 6º ano do Ensino Fundamental;
- Número de alunos por turma – 26 alunos em média;
- Número de Turmas – 08 turmas;
- Espaços disponíveis – campinho de areia, quadra, campo de futebol, sala de lutas e auditório. Eventualmente, sala de multimeios;
- Horários das aulas – as aulas acontecerão no turno matutino, que é oposto ao de todas as outras matérias da grade curricular, sendo duas aulas (geminadas) por semana.
- Não esquecer: "A escola necessita reconhecer o contexto e a realidade de aprendizagem social de seus alunos. Uma das grandes dificuldades encontradas na relação escola-juventude é a tendência que a instituição escolar tem de controlar e conceituar as culturas juvenis. Em muitas escolas, não se desenvolvem processos formativos que reconheçam essas culturas juvenis e ampliem as capacidades, os saberes e os valores que os jovens já possuem. A uniformização das condutas, do vestuário, das regras que não são discutidas com os alunos: tudo isso colabora com a destituição do protagonismo desses sujeitos." (Orientações Curriculares para o Ensino Médio, 2008. Linguagens, Códigos e suas Tecnologias/ Conhecimentos de Educação Física, pág 222; Ministério da Educação – Governo Federal)

Características do colégio relacionadas ao sexto ano e com a Educação Física:

Nos primeiros meses letivos o aluno não é considerado aluno CPM. Ele precisará aprender alguns códigos singulares do Colégio, e em cerimônia, receber a Boina Azul e poder usar a farda. Acolher esses discentes observando-se essa fase de adaptação, é imprescindível. O êxito da formação positiva do comportamento e atitudes dos alunos perpassa por essas considerações.

As aulas de Educação Física acontecerão no turno matutino, que é oposto ao de todas as outras matérias da grade curricular, sendo duas aulas (geminadas) por semana. Portanto o aluno vai ao colégio uma vez por semana, especialmente para participar das aulas de Educação Física com uniforme adequado, depois se deslocará para sua casa, para se preparar para as aulas da tarde. Sendo assim, as aulas não poderão acontecer depois das 10h da manhã, para que seja viável o seu trajeto para casa e depois retorno para escola.

Oferecer aos alunos aulas de Educação Física no contraturno das aulas, é um privilégio. Visto que a maioria dos alunos não dispõe de espaços adequados para as vivências motoras e desenvolvimento das competências e habilidades referentes à cultura corporal de movimento.

As turmas do sexto ano são compostas por meninos e meninas, na faixa etária entre 10 e 11 anos de idade. A sua maioria é de alunos novatos, que vieram da rede Municipal de Ensino, e lá tiveram contato com a Educação Física. Nada sabemos sobre os conteúdos estudados e vivenciados por eles. Entretanto, é preciso destacar que neste ano de 2020, teremos um aluno cego, que desejava estudar em nossa unidade. Ele tem um irmão mais velho que já estuda conosco, e certamente, o influenciou.

Pretendemos desenvolver um trabalho prévio para melhor recebermos esse aluno. A equipe do colégio, coordenadores, professores, militares e funcionários, foi mobilizada para oferecer a melhor experiência inclusiva possível aos alunos. O SEFD convidou uma especialista da UESC Dr^a em Educação Física Inclusiva, e a direção da escola trouxe Alessandra Café, especialista no trabalho inclusivo para nos orientar.

A VIDA TEM UM PROPÓSITO MAIOR

Justificativa do Plano de Curso para os Novos Boinas Azuis

Por se tratar de um colégio que valoriza a disciplina, o bom comportamento e os valores morais, onde o aluno é estimulado a adotar um comportamento saudável e a respeitar regras, e pelo fato de que os alunos do sexto ano estarão ingressando nesse novo universo, em uma fase do desenvolvimento pessoal delicada, como é a puberdade ou pré-adolescência, por esse conjunto de características peculiares, percebeu-se a necessidade de elaborar um Plano de Curso Inclusivo, diferenciado, para as aulas de Educação Física Escolar dos Novos Boinas Azuis, que contribua na sua adaptação a essa nova rotina escolar (colégio militar). Um Plano centralizado nas necessidades desse jovem, tendo alguns grandes objetivos: ajudá-lo a se conhecer, se desenvolver, e passar pelas transformações físicas e psíquicas desta etapa de seu amadurecimento, dentro de uma compreensão sobre a unidade "Corpo e Mente", através dos estudos e vivências pedagógicas dos Elementos da Cultura Corporal de Movimento. Conteúdos escolhidos e alinhados com as necessidades do aluno e que também desenvolvam as suas habilidades, preparando-o para que nas séries seguintes ele se sinta seguro para a iniciação ao aprendizado das modalidades esportivas que virão. Pautado nesses pilares, é que foi feito este Plano de Curso. Ele tem como meta atender a esta demanda, contribuindo para que o aluno desenvolva uma percepção crítica do mundo, descobrindo e conhecendo melhor alguns elementos da cultura do movimento e festejos populares comumente vividos; possibilitar o aprendizado e a vivência de movimentos básicos, simples, que contribuirão para a iniciação às modalidades esportivas e seus eventos, perpassando por reflexões sobre o significado da competição e análises sobre a importância das regras, e para que/quem elas servem. Este Plano ainda busca contemplar o projeto interdisciplinar de 2020 do colégio, cujo tema é *"História e Memórias de Ilhéus".*

Os conteúdos selecionados - o atletismo, as danças, os jogos populares e as brincadeiras - serão direcionados para que o aluno possa se descobrir e se movimentar, experimentando as diversas possibilidades motoras que eles proporcionam. Paralelamente à vivência do conteúdo prático, será oportunizado o conhecimento sobre o contexto histórico de cada elemento da cultura do movimento trabalhado, bem como (e de acordo com suas características próprias) os seus benefícios nas dimensões cognitivas e motoras.

Deste modo o aluno pode perceber suas orientações psicomotoras, que significa dizer: como é a sua personalidade motora, a atitude simbólica do seu modo de se movimentar, e interagir na prática das atividades propostas. A partir daí, refletir, aprimorar e recriar a sua linguagem corporal.

"(...) Tão importante quanto a decisão de se ensinar ou não um determinado esporte, dança, jogo, etc. é pensar que sentidos e significados são atribuídos a esse esporte, dança ou jogo pelos alunos nas aulas de Educação Física. Que significados culturais estão presentes no jogo de futebol? Em um jogo de bocha? Em uma brincadeira de roda? Em uma dança de rua? O tratamento pedagógico dado a essas e outras questões da cultura se reflete diretamente nas possibilidades de formação dos alunos e professores."

(*Orientações Curriculares para o Ensino Médio, pág 226)

Orientações Didáticas para os novos Boinas Azuis*:

Para muitos alunos (futuros Boinas azuis), quando entram no 6º ano é que acontece o primeiro contato com a disciplina Educação Física. E são aulas diferentes das demais aulas. Um novo mundo, uma nova linguagem, feita pela expressão corporal, onde nos vemos em movimento, e começamos a perceber o que isso representa. São aulas, onde nos arriscamos, e às vezes caímos no chão, erramos o passo, percebemos nossa força, velocidade, equilíbrio e muitas outras nuances motoras que afloram e farão parte do processo de aprendizagem. Pensando nessas adversidades que surgem durante as aulas práticas, se faz necessário, compor com a turma, os princípios éticos básicos que nortearão as nossas aulas, visando o bom relacionamento entre os alunos, o apoio mútuo e a prevenção ao "Bullying".

Para isso é importante, apresentar para eles as normas diferenciadas que o CPM (Colégio da Polícia Militar) possui, relacionadas com a nossa disciplina, logo na primeira Roda de Conversa, na aula inaugural de Educação Física, e construir com eles o código ou o perfil idealizado pela turma onde se incentive por exemplo: o apoio mútuo, evidenciando as condutas positivas motivacionais, para que no melhor sentido da palavra, seja formada uma equipe de Educação Física, e não apenas uma turma.

Ainda para contribuir na adaptação dos alunos à rotina de aulas, vale estabelecer referenciais para o posicionamento nas vivências práticas, de modo a orientar no espaço aberto os pontos para execução das propostas. Fazer uma sondagem dos conhecimentos prévios dos alunos sobre cada conteúdo e a partir desse momento, mediação para ampliação dos saberes, despertando interesses, curiosidades, e principalmente, buscando com o diálogo, espaço para interlocução entre o elemento esportivo em estudo e a realidade.

UNIDADE I

Eixos Integradores/ Estruturantes	Esporte, Competição e Cidadania - Iniciação ao Atletismo;
Competência(s)	Constatar, explicar, avançar e propor novas sínteses sobre o elemento da cultura corporal esporte construído historicamente pela humanidade
Habilidade(s)	Identificar e realizar os fundamentos básicos de diversas modalidades esportivas
Estudos Transversais	História e Memória de Ilhéus – Construção de uma linha do tempo mostrando como o esporte e seus eventos aconteciam na cidade de Ilhéus.

Conteúdos	Estudo conceitual do Atletismo e suas principais provas – Contextualização histórico crítica; Dimensões espaciais da corrida. Os diferentes tipos de largada e seus propósitos. Análise simbólica experienciada das corridas com diferentes propostas: percursos criativos, com obstáculos e com propostas de percepção espacial diferenciadas. Corrida de revezamento - a importância do trabalho por equipe. Sincronia, motivação e elos sociais. Despertar para a consciência corporal e os comandos que controlam esses movimentos. Observar o mundo ao redor de si mesmo (ser capaz de correr de costas ou com os olhos vendados e/ou com um guia). Saltos - oferecer a iniciação para alguns tipos de salto, expandir criativamente e desenvolver novas percepções do corpo em movimento. Lançamentos - Estabelecer metas através dos lançamentos. Observar as condições para realizar os lançamentos, bem como o objeto que será lançado: disco, dardo, peso ou a peteca. Traçar paralelo com a vida.
Orientações Didáticas	Estabelecer com a turma os princípios básicos que nortearão as aulas. Sondagem dos conhecimentos prévios dos alunos sobre cada conteúdo e a partir desse momento, mediação para ampliação dos saberes, despertando interesses, curiosidades, buscando interlocução entre o elemento esportivo em estudo e a realidade. Criar pontos que representem a turma: apoio mútuo, posicionamento para as vivências, importância das etapas que preparam para as vivências, bem como sua justificativa.

Recursos Didáticos	Bolas, cones, bambolês, cordas, petecas, equipamentos de som, pandeiros, bastões, dardos, discos, caixa de areia, equipamentos áudio visuais.
Avaliação	Instrumentos - Ponto Qualitativo. Avaliação Processual AP1 - Pesquisa sobre o Atletismo: como surgiu, principais modalidades e suas características + Resumo da biografia de um atleta de destaque. AP2 Demonstração das propostas vivenciadas na prática. AP3 - Demonstração criativa ampliada das propostas vivenciadas por equipe. Prova objetiva AC – Escrita

Critérios para pontuação:

Qualitativo (1 ponto): 0,2 assiduidade; 0,2 pontualidade; 0,2 entrega das atividades; 0,2 participação; 0,2 bom comportamento.

AP1 (2 pontos) - As pesquisas devem ser entregues em papel pautado ou no papel do caderno (recortado a borda). Deve ser feita uma capa colorida ou com desenhos criativos sobre o Atletismo, além de conter os dados que identifiquem o aluno, professor, disciplina, turma – a esse critério será atribuído 0,5 pontos. A coerência e construção da pesquisa valerá 1,5 pontos;

AP2 - Trajetos e metas estabelecidas para as vivências, com 3 chances de execução. Cada tentativa cumprindo-se o mínimo esperado, valerá 0,5 pontos

AP3 - Avaliar a cooperação e interação do grupo: boa, moderada, em progresso – valerá 1,0 ponto e o cumprimento mínimo do trajeto, valerá 0,5 pontos.

AC - prova com 10 questões objetivas valendo 0,4 pontos para cada acerto e mais 4 RPs. |

UNIDADE II

Eixos Integradores/ Estruturantes	JOGO, LUDICIDADE E DESENVOLVIMENTO HUMANO DANÇA, EXPRESSÃO CORPORAL E ARTE
Competência(s)	Compreender e elaborar uma síntese superior dos diferentes jogos construídos socialmente pela humanidade a partir de bases históricas, sociológicas, antropológicas, científica e tecnológica Conhecer e compreender a dança como expressão cultural e artística
Habilidade(s)	Comparar criticamente os jogos e brincadeiras populares da atualidade com os jogos e brincadeiras antigos Criar e realizar coreografias por meio de movimentos corporais expressivos
Estudos Transversais	História e Memória de Ilhéus – Construção de uma linha do tempo mostrando as manifestações culturais que se expressam pelas danças e jogos da cidade de Ilhéus.
Conteúdos	Jogos, brincadeiras e danças populares. "A brincadeira está entre as práticas sociais mais antigas. Registros que evidenciam sua presença em todas as sociedades organizadas perdem-se no tempo. É o que torna praticamente impossível atribuir-lhe uma origem." Mas, estudá-las e vivenciá-las com os alunos do sexto ano, é de fundamental importância para o seu desenvolvimento. Apresenta-se uma variedade incalculável de brincadeiras que promovem inúmeros resultados, podendo até ser educativas, quando bem conduzidas pedagogicamente.

Conteúdos	A forte ludicidade, presente nos jogos populares e podendo aparecer nas danças populares, é um verdadeiro atrativo e canal para aquisição de conhecimento, descoberta e desenvolvimento de habilidades. O período em que transcorre a segunda unidade é um período característico das tradições juninas. Trabalhar a quadrilha, brincadeiras e jogos da região NE, aqui pretende-se trazer os alunos dos 3 anos para criação conjunta das coreografias e brincadeiras. É em si uma proposta com efeito integrador entre os estudantes
Orientações Didáticas	Aproveitar os conhecimentos trazidos pelos alunos sobre brincadeiras, jogos e danças populares, elencando e aprofundando esses saberes.
.	Propiciar a integração dos alunos do terceiro ano do EM com os alunos do sexto ano, promovendo a quadrilha da amizade.
	Produzir o Primeiro Torneio da Integração com jogos de futebol e baleado em um molde que promova a socialização, ludicidade e a vivência de um torneio produzido para todas as turmas do sexto ano.
	Criar espaços para trabalhar jogos antigos e novos jogos e buscar analisar algumas brincadeiras e jogos antigos que reproduzem preconceitos e distinção social. Recriar esses jogos.
Recursos Didáticos	Os materiais pedagógicos da Educação Física estão em péssimo estado. A falta de recursos materiais dificulta muito a prática pedagógica. Procuramos usar a criatividade para suprir essa falta.

| Avaliação | Instrumentos - Qualitativo 1 ponto; Avaliação Processual AP 1 (2,0 pontos) Trabalho de Pesquisa sobre brincadeiras, jogos e danças populares do NE. AP 2 (1,5 pontos) Participação no ensaio da quadrilha; AP 3 (1,5 pontos) Participação no Torneio da Integração

Critérios - Qualitativo: 0,2 assiduidade; 0,2 pontualidade; 0,2 entrega das atividades; 0,2 participação; 0,2 bom comportamento.

AP1- As pesquisas devem ser entregues em papel pautado ou no papel do caderno (recortado o picotado da borda). Deve ser feita uma capa colorida ou com desenhos criativos sobre o tema. Este requisito valerá 0,5 pontos; A pesuisa sobre brincadeiras (0,5 pontos), jogos(0,5 pontos) e danças populares(0,5 pontos) valerá 1,5 pontos no total, o aluno deverá conceituar e exemplificar cada uma dessas manifestações;

AP2 - Participação efetiva em pelo menos 3 brincadeiras propostas durante as aulas práticas

AP3 - Avaliar a cooperação e interação na formação do grupo que irá brincar no torneio

AC - prova com 10 questões objetivas valendo 0,4 pontos para cada acerto e mais 4 RPs. |
|---|---|

UNIDADE III

Eixos Integradores/ Estruturantes	ESPORTE, COMPETIÇÃO E CIDADANIA
Competência(s)	Constatar, explicar, avançar e propor novas sínteses sobre o elemento da cultura corporal esporte construído historicamente pela humanidade
Habilidade(s)	Identificar e realizar os fundamentos básicos de diversas modalidades esportivas
Estudos Transversais	História e Memória de Ilhéus – Avaliação crítica sobre a linha do tempo construída pelos alunos sobre os elementos da cultura de movimento destacados na cidade de Ilhéus;
Conteúdos	Introdução ao estudo do futebol, handebol e voleibol. Iniciação aos seus fundamentos básicos e principais regras
Orientações Didáticas	Coletar informações sobre o patrimônio Cultural esportivo/ Valorizar e estimular a construção coletiva das vivências - cada modalidade estudada será construída com a participação dos alunos e depois essas informações serão aprofundadas com trabalhos de pesquisa antes de serem passados os fundamentos básicos e regras próprias de cada uma.
Recursos Didáticos	Imprescindível termos bolas disponíveis: futebol, voleibol e handebol. Além de cones para delimitar os espaços.

Avaliação	Instrumentos – Qualitativo: 1 ponto/ Trabalho de pesquisa escrito (2 pontos) sobre o futebol, voleibol e handebol - resumo da história, principais características e principais regras/ Avaliação Prática - demonstração de 3 fundamentos da modalidade que escolher para ser avaliado (dentre as 3 oferecidas) / Participação em um jogo de 10 minutos na modalidade que escolher (dentre as 3 oferecidas) AC ou Prova (4 pontos) objetiva escrita com 10 questões Critérios - Qualitativo - os mesmos da unidade anterior. AP 1 - apresentação do trabalho em Folha de papel pautado com capa, dados do aluno e apresentação dos tópicos solicitados. AP 2 - 0,5 pontos para execução de 3 fundamentos da modalidade escolhida. AP 3 - 1,5 pontos pela participação em jogo de modalidade escolhida.

Relato de experiências durante a Pandemia

Estávamos assistindo o que acontecia com os outros países. Era um prenúncio do que estava por vir para nós. De nada nos valeu, esse *delay*. Não havia um consenso sobre os caminhos a percorrer. Uma cisão política agressiva e insana, só atrapalhava o discernimento e as tomadas de decisões. Além disso, infelizmente, para roubar ainda mais a nossa esperança e gerar ainda mais insegurança, constatamos que calamidades, são o melhor momento para pessoas corruptas sangrarem os cofres públicos e desviarem dinheiro. Os escândalos começaram a pipocar nas mídias. Fato lastimável. Como fiscalizar e controlar o emprego dos recursos públicos que aos bilhões foram injetados para a estruturação dos estados, durante o caos? Essas questões não devem ser esquecidas. Especialmente, porque tanto nos afetaram, entristeceram, desmotivaram e evidenciaram nosso desamparo. Esse foi um dos dilemas no cenário que vivemos durante a pandemia.

Em março de 2020 a suspensão das aulas foi adotada. Ficamos perdidos. Lembro que ouvi muito a expressão: "Estamos trocando o pneu do carro, com o carro em movimento." Seria mesmo isso? Ou foi também incompetência nossa? Tínhamos tido cursos de formação em TICs. Alguns de nós, já tinham sites, blogs, e outros canais, para interagir com os alunos.

Será que nenhum planejamento didático pedagógico poderia nos preparar, ao menos um pouco, para a Pandemia? O caos foi chegando por nossos portos e aeroportos. Convidados pelo carnaval. Festa que deixou de ser da alegria e da amizade, com seus recordes de violência, e que já deixava seus registros cada vez mais alarmantes, de todo tipo de abuso. Momento perfeito para a disseminação rápida e incontrolável do vírus.

Vou puxando pela memória... Como foi a *semana pedagógica da nossa escola, naquele ano?* 2020? Essas jornadas são vistas quase que por unanimidade, como desmotivadoras. Mas, nem sempre são. A forma como fomos mobilizados para receber bem a Felipe é um exemplo digno de ressalva.

Lembro que tivemos alguns dias de aulas espremidas entre o carnaval, até que suspenderam tudo, e iniciou-se o isolamento. Nesses poucos dias de aulas presenciais, único modelo que eu tinha vivenciado, eu estava regendo todas as turmas dos sextos anos, de A a G! E algumas turmas do ensino médio. Seria a primeira vez que eu daria aula para um aluno cego. Desafiador! Imagina ser também aula online ou remota de Educação Física. Assim, do dia pra noite. E vivemos isso.

No isolamento social, todos estavam impedidos de se encontrar para brincar e se relacionar, tudo estava sombrio. As consequências psicológicas eram fáceis de prever. Certamente aumentariam os casos de ansiedade e depressão. Isso me levou a perceber que eu tinha um *antídoto* potente contra a tristeza que estava se instalando. Em minhas mãos estavam o acesso aos meus alunos e elementos terapêuticos como o jogo, a ludicidade e o mundo inteiro do movimento, que atraem a maioria dos jovens. Eu podia adequar aos recursos que tinha e comecei a colocar em prática, meio que intuitivamente. Senti a necessidade de aparecer em aulas online, semanalmente, cumprindo meus horários, e oferecer alegria e paz disfarçadas de conhecimentos. Eu também precisava disso, isso me salvou. Na época, eu estava morando sozinha, e nem fazia ideia do quanto precisava daqueles momentos. Eu estava em plena experiência pessoal do ninho vazio. Minhas três filhas estavam morando em Salvador. As duas mais velhas, uma formada e a outra cursando a faculdade. A caçula, se preparando em um cursinho pré-vestibular, era minha Clarinha, consultora oficial sobre as *apostilas, slides e muitas ideias mirabolantes.* Silêncio, quarto vazio... A bela teoria da *solitude*... na prática, foi muita solidão mesmo.

Adaptei meu planejamento para usar os canais gratuitos do Youtube e facilitar nossa interação. Nos estudos sobre elementos da cultura do movimento, a tarefa de criar esculturas ou desenhos que representassem as modalidades do Atletismo, foi uma boa ideia. Decolamos com os *21 dias de Ioga com Pri Leite,* mesclando com as danças coreografadas pelo *Just dance.* Abríamos as aulas com leituras de poemas, com música instrumental, trechos de textos, contando alguma história que nos levasse a um nível de consciência aproximada do bem-estar. Textos lidos em conjunto, como fazemos às vezes na sala de aula. No Google Meet tem um sinal, como se fosse de levantar a mão para perguntar ou falar. E eles se voluntariaram para ler ou declamar. Em uma das turmas, uma aluna se voluntariou para tocar violão. Foi um presente dela para nós. É muito bom quando o aluno participa. Em outro momento uma mãe que assistia junto com sua filha, agradeceu pela paz que sentia através daquelas aulas. Fui entendendo os sinais e construindo nossa caminhada.

Felipe, em aula online sobre ginástica acrobática! Os alunos sempre me surpreendem!

Equilíbrio e percepção do próprio corpo.

Quando foi chegando o mês de junho, aqui tão marcado pelas tradições culturais do Nordeste, resolvemos fazer uma confraternização online. Convidamos um matuto de primeira, meu amigo e maestro da banda de música do nosso colégio, Sd PM Samuel Simão para falar do significado da festa de São João. E foi uma grande aula, cheia de alegria, conhecimentos e música nordestina! O professor ministrou a aula caracterizado com chapéu de couro e traje de boiadeiro. Alegre, inteligente e sensível, esse colega e amigo, nos fez sentir nossas raízes. Os alunos e eu tínhamos combinado de nos arrumar ao vivo, preparar uma mesa com comidas típicas, decorar um cenário para dançarmos juntos uma música. Ensaiamos a coreografia, e no dia foi mais bonito do que eu poderia prever. Algumas mães apareceram arrumadas, um dos alunos vestiu suas cadelinhas, quem tinha irmão menor, arrumou seu irmãozinho, as mesas estavam bonitas, quitutes nos pratinhos. Ouvimos o maestro, depois nos maquiamos juntos, dançamos e nos divertimos. Foi incrível. No final do dia eu estava exausta. Repeti várias vezes o roteiro para atender a todas as turmas. Simão também estava exausto. O saldo? Todos satisfeitos. Quem viveu aquele momento, não vai esquecer nunca. Os corações que se conectam ficam aquecidos.

Em preparação para a aula sobre a cultura nordestina durante a pandemia

O convite para vivenciar a cultura do Nordeste foi por si só, imenso em propósito. Abriu-se um espaço na escola, para se pensar sobre a celebração junina cujo centro da festa traz um profeta que há mais de dois mil anos, anunciava a vinda do Cristo como cordeiro que salvaria indistintamente a cada um de nós. João Batista pode ainda nos falar, em nossas almas, sobre a mensagem cristã, que une as pessoas como irmãos e irmãs. Não se deve dispensar essa oportunidade nos tempos atuais, quando falar de Deus, de amor, de fé, tem se tornado cafona. Não se pode deixar que distorções religiosas, distorções no sentido das palavras, impeçam a escola de promover boas aulas.

Estudar sobre as tradições culturais, entender sobre os costumes, até para redefini-los com novos elementos do nosso povo, pode ser libertador. Tivemos como objetos de estudo daquela unidade, a culinária, a música e a dança do Nordeste, contextualizadas no tempo e espaço geopolítico por um musicista. Vivenciamos com alegria um processo rico de aprendizado. Oportunizar aos nossos jovens refletir e entender os caminhos, mostrar possibilidades de como viver no mundo, como festejar, como ser alegre, como se divertir de uma maneira saudável e consciente, sem álcool, drogas e sexo irresponsável, podem ser também valorosos objetivos. Já existem seduções degradantes demais ao nosso redor, é preciso dar uma força ao que pode edificar.

Convidei muitos outros amigos e colegas para darmos aulas juntos. Eu e o mestre de Jiu Jitsu, Rogério Marshal, oferecemos uma aula sobre o surgimento das artes marciais e a história inspiradora da família Gracie. Fez um bem enorme para todos nós. O mestre e também professor de Educação Física, disponibilizou seu coração e suas vivências. Lindas e surpreendentes lições. Nos contou, que por volta dos seis anos, ele e seu irmão mais velho começaram a treinar em uma academia no Rio de Janeiro, onde a família Gracie tornou-se uma lenda viva. Ele, Rogério M. Oliveira e seu irmão mais velho eram apaixonados pela *arte suave*. Na live para meus alunos ele mostrou uma fotografia dos dois vestidos de kimono, faixas brancas na cintura. Dois meninos negros e puros com suas faixas na cintura, sorrindo num momento inesquecível e feliz. O sensei, no auge de seus cinquenta anos, nos contou emocionado, que pouco tempo depois daquela foto, eles viveram um duro golpe em uma partida de futebol, num baba na rua. Um contato mais forte durante o jogo, seu irmão sofreu uma lesão que acabou tirando-lhe a visão. Ao partilhar sua vida e contar para aqueles alunos e para mim, como seguiram em frente, ele nos encheu de esperança. Pensei que aquilo não era coincidência, mas, providência. Comovidos, fomos inspirados por aquela história de vida tão ligada com a arte marcial, um dos elementos mais ricos da cultura do movimento, e que para nossa batalha contra o medo da pandemia, estava refazendo nossas forças. Como se fôssemos soldados de um exército se reagrupando e desembainhando as katanas para lutar, saímos melhores daquele momento. É quando a magia da Educação acontece e dá sentido ao objeto de estudo. A lição para além dos conteúdos. Gratidão, professor Rogério Oliveira. Que continue fazendo a diferença por onde for.

A professora Elisa de geometria se juntou na missão de uma aula online sobre "A matemática e o basquetebol" onde a partir da quadra de basquete ela mostrou ângulos, paralelas e vértices. Foi uma linda experiência, com grande adesão dos alunos. Eu segui, contando sobre a história do basquete, com meu entusiasmo sobre a façanha humana de criar um esporte que a partir do movimentar-se, transforma vidas.

Em outra parceria, com o novo coordenador de Educação Física, Joadson Gomes, falamos sobre a história do futebol. Entremeando com o depoimento dele sobre seu sonho em se tornar jogador de futebol, que havia convergido em estudar Educação Física, e se tornar professor.

Nos grupos do whatsapp não tinha hora para encerrar o dia. Como eles, eu também estava tendo dificuldades para dormir, e sentia muito tédio. Aquelas máscaras horríveis, o silêncio nos mercados, a incredulidade daqueles dias como fantasmas, foram piorando com as notícias sobre o número de mortos bombardeados de meia em meia hora pela imprensa. Nada de consolo, nem um fio de esperança. Nossa cidade tem a maior extensão de orla marítima do estado da Bahia. Quase 100 km. E na época, uma população de 160 mil habitantes aproximadamente. Fazendo os cálculos, para aglomerar na orla desta cidade, seria necessário que todos os habitantes fossem ao mesmo tempo para a praia. Um lugar tão aberto, que traz tantos efeitos positivos para a saúde mental, mas estávamos proibidos de ir. Pessoas se arriscaram a caminhar nessa extensa praia. Advertidas e contidas pelo poder público, por servidores que pareciam tão desnorteados quanto nós. E o cenário piorou. Aqueles que saiam para vender o acarajé, o algodão doce, a pipoca... pais dos meus alunos, começaram a desabafar nos grupos da escola, a privação que estavam começando a passar. Foi horrível. E piorou ainda mais. Os mortos distantes, eram agora nossos vizinhos, nossos idosos, nossos primos, colegas de trabalho, nossos amigos, irmãos e pais. Uma hora a morte podia nos levar também.

Talvez, esteja me perdendo na cronologia dos acontecimentos, mas acho que foi nesse contexto que tive a inspiração de fazer uma gincana virtual com meus alunos. A gincana COMvida! E foi um sucesso! Um grupo de professores aderiu. Colocamos as tarefas no Classroom e os 20 primeiros alunos que cumprissem o que foi pedido na tarefa, ganhariam um brigadeiro. Eles responderam tão rápido, e foram bem mais que 20 respostas empatadas, em vídeos ou fotos, formato de entrega das tarefas, que eu pensei: vixe, vou ter que me virar em brigadeiro! Para salvação da minha pele, a equipe gestora se prontificou a me ajudar com os brigadeiros, e também com beijinhos (docinho de coco) pipoca doce e pipoca salgada, novos prêmios para as novas tarefas. Acontece que ainda hoje devo essas gostosuras. Tivemos medo de dar as premiações e serem elas veículos de contaminação. Os alunos dessa gincana, até hoje me cobram, sorrindo: Cadê meu brigadeiro, prof? Eu respondo, vamos marcar um piquenique na Sapê! Espero que façamos isso antes deles terminarem o ensino médio.

Chegou o mês do meu aniversário. Estava muito difícil manter o astral positivo. Srº Kodinha (meu *catioro* maluco) não estava conseguindo me manter motivada. Inquieta, derrubei um pé de coco do quintal, usando um facão. Não sou uma super mulher, não mesmo. Estava no sofá, arriada, era um dia difícil de digerir. Era meu aniversário, e eu passaria só com Srº Kodinha. Minha mãe me mandou uma bela mensagem, com sua voz rouca, arrastada, denunciando o avanço do Parkinson. Ela prefere não falar ao telefone, por não se reconhecer naquela voz. Sempre lhe digo, que todos que a amam preferem ouvi-la mesmo rouquinha, porque sabemos que aquelas palavras são dela. Pensando em minha mãe, ainda saboreando sua mensagem, a campainha da minha casa tocou. Levantei curiosa, fui até o portão. Ao abrir, me deparei com a família Ferreira do lado de fora. Eles foram generosamente me dar a maior injeção de vida. Vida pura, cheia de amor e sentido, que eu jamais pensei merecer receber. Estavam com presentes para mim, da turma do sexto A! Minha turma Alfa, brilhante e extraordinária! Chorei de felicidade. Dei um revés na tristeza, me alinhei novamente com a energia da boa fé e da esperança. Eles não imaginam o bem que fizeram para mim. Teve um momento que pareceu que todos estavam contaminados, que todos eram uma ameaça. Mas, como? Ficamos em casa, nos entupimos de álcool em gel, tivemos tantos cuidados. À beira do precipício, nas reuniões entre professores, assistimos colegas chorando, a direção parecia perdida, se sustentando no vácuo, o desespero quase tomando conta. Me lembro de um dia, um desabafo de uma professora, já na casa dos sessenta anos, uma professora de excelência que não estava conseguindo trabalhar com as ferramentas disponíveis. Ela começou a relatar suas dificuldades, começou a chorar por se sentir pressionada pelos relatos de algumas de nós que estávamos nos adaptando melhor aquela situação. Me lembro, e é possível que esse momento esteja gravado, que eu lhe pedi calma. Intervi, dizendo que ela não estava sozinha. Que podia dar aula junto com aqueles que estivessem se desenvolvendo melhor. Isso lhe daria mais segurança. Fiquei com a voz embargada, também tinha lágrimas para derramar. Decidi segurar e me revestir de força. Estava com as baterias carregadas, disposta a ir pra luta.

Contei que estava conseguindo dar as aulas, porque era uma questão de sobrevivência para mim. Foi algo quase que instintivo. Mas, ninguém estava obrigando ninguém a dar aulas em modo online. Tinha a opção de gravar uma aula e disponibilizar para todas as turmas, ou postar no Classroom. Eu estava conseguindo. Toda semana, eu aparecia online para minhas turmas. Meu contexto de vida permitiu. Eu estava morando sozinha com meu cachorro. Parecia Tom Hanks, no filme o Náufrago, conversando com Sr Wilson. Ao invés de uma bola de vôlei, eu conversava com Kodinha, meu *catioro* maluco. E podava as plantas do meu jardim. Descontava nelas... coitadas. Podei muito.

Minha mãe, minha Zeza, como muitos idosos com comorbidades, estava cercada de cuidados. Ficar longe, foi a demonstração de amor mais estranha que achamos que deveríamos fazer. Só que ela nos chantageou no natal, dizendo que preferia morrer, se não fôssemos vê-la. Fomos, e toda família se contaminou. Mas, não perdemos ninguém. Que fase! Meu diagnóstico de COVID, foi o primeiro. Na volta para minha casa, depois do natal, morando sozinha, fiz o exame e alertei as minhas irmãs. Se eu estava contaminada, todo mundo deveria testar. Não deu outra.

Durante meu tratamento, em casa, pessoas generosas se fizeram presentes, trazendo frutas e alimentos para minha porta. Interpreto - era o universo em sua justa generosidade, em seu infinito amor, me amparando.

Quando a volta às aulas foi decretada, havia muitas incertezas. Teríamos que continuar com as máscaras nos ambientes fechados, seguir os protocolos de segurança e ir vivendo um dia de cada vez. A escola se aparelhou com suportes de álcool em gel espalhados e também pias com sabão líquido. Os ambientes fechados das salas de aulas eram os mais arriscados. O coordenador do SEFD, SD PM Gomes promoveu reuniões e colheu nossas sugestões sobre como faríamos. Havia uma divisão de ideias entre aulas teóricas e aulas práticas. Optei e defendi o retorno das práticas. Argumentos fortes baseados nos artigos da SBP, Sociedade Brasileira de Pediatria, que alertavam sobre os problemas que o sedentarismo e a falta de estímulos motores provocariam nos jovens, pelo longo período do isolamento social e as ponderações mostrando também, que as academias de ginástica e os clubes já estavam retomando suas atividades, convenceram o corpo gestor a permitir, que com os devidos e inegociáveis cuidados, a Educação Física entrasse em campo.

Os espaços disponíveis para a realização das aulas práticas em nossa escola, são amplos e arejados, um verdadeiro convite à prática. Em minha cabeça, eu só pensava em colocar os alunos ao ar livre para correrem. Com a ajuda de Gomes e dos alunos, preparamos um local. Começamos com as aulas práticas naquela área externa, através das modalidades do atletismo. Marcações com distanciamento entre as colunas e fileiras, mais fácil de conseguir, pelo fato dos alunos estarem habituados a entrarem em forma, uma caixinha de som com músicas suaves ou alegres, o sol... ahhh, o sol em nossos rostos... poder vê-los em minha frente, fazendo alongamentos, depois saltitando e correndo entre os obstáculos... E Felipe estava no meio deles, com sua mãe bem pertinho. Ele estava mais alto do que eu lembrava e sempre elegante, fazendo tudo! Nas fisionomias estavam o espanto, o prazer, o riso, a redescoberta das sutilezas de um dia feliz. Na pandemia perdemos muitas pessoas próximas e muitas pessoas distantes. Aprendemos: num estalar de dedos o destino pode mudar. Não se adia a felicidade. Essa lição já tinha dado uma prévia no Torneio da Integração.

Em 2018, a pedido do então Diretor militar MAJ PM Reginaldo Moraes, hoje Tenente Coronel, organizamos um "Torneio da integração" onde professores, funcionários e alunos iriam disputar futebol, baleado e voleibol. Foi uma ideia brilhante, que provocou uma movimentação prazerosa no colégio. Os professores começaram a fazer listas das suas equipes para essa ação com vasto cunho pedagógico e social. Professores de excelência se deixam inundar por boas práticas. Os alunos mal podiam se conter de ansiedade. Como assim, prof? Vamos jogar futebol contra o Major?! 🤔 A prof de Química vai participar do baleado?? 😜 E a prof de inglês sabe balear?? Ela é tão doce... 😊 O prof de matemática será o goleiro?? 🤪

Tem momentos que são muito difíceis de descrever. É muito difícil colocar certas emoções no papel. Fica mais fácil, tentar se colocar no lugar do outro. Nesta edição dos jogos, nossos corações, enquanto escola, viveram uma montanha russa. Do êxtase da alegria ao desespero. Ninguém poderia imaginar que essa foto seria a última do meu bom amigo e maestro da banda, em pé. A foto foi antes da final do futebol com a equipe do terceiro ano. Já na madrugada após sua vitória em campo, corria a notícia que ele havia sido alvejado. Foi uma comoção em nossa escola. Esse SD PM, professor e amigo tão querido, iria passar pela prova mais exigente de toda a sua vida. E iria também nos dar lições inenarráveis sobre a capacidade humana de renovação e tenacidade.

Da esquerda para direita, o trio de Professores de Educação Física: Ticiana Belmonte, Fernanda Kruschewsky, Sargento Mário Campos Neto, também coordenador do SEFD. Seguido pelo Professor Flávio de Matemática, que causa um misto de calafrios e muita empatia nos alunos. Na mesma linha, o mais alto é o querido Profº Jefferson de Geografia, craque de futebol, marcou belos gols na partida, levando a torcida ao delírio. De blusa verde e branca, PM Cenildo, sempre solidário, ajudou a formar a equipe para o torneio, com Capitão Vital, que também atuou como coordenador e professor no CPM. Na sequência estão nosso maestro da banda Samuel Simão, o amigo Cabo Leal, e o Diretor militar, na época Major PM, Reginaldo Moraes idealizador desse grande evento, e de muitas outras ações exitosas.

PROPÓSITO RENOVADO
POR SAMUEL SIMÃO

Muito honrado em receber o convite para escrever um pouco da minha experiência enquanto maestro da nossa banda de música do CPMRG.

Sou soldado da polícia militar do estado da Bahia e ingressei nas fileiras no ano de 2008. Sou músico desde os 12 anos de idade, quando tive uma oportunidade única de aprender música na escola em que estudava, em minha terra natal de Juazeiro do Norte no estado do Ceará. Eram aulas gratuitas em turno oposto ao das aulas pedagógicas. Em 2006 prestei o concurso para entrar na Polícia da Bahia com o sonho de pertencer a banda de música dessa instituição. Sonho de muitos colegas da minha época. Infelizmente, no ano de 2001, por uma reforma do estatuto da polícia militar da Bahia, foi extinguido o quadro de músico especialista. Restou então para concretizar meu sonho, entrar como soldado combatente e depois buscar meios para fazer parte da banda. Em setembro 2011 esse dia chegou. Fui transferido para o então 2º Batalhão da Polícia Militar em Ilhéus, onde ali já existia uma banda desde 1957.

Sempre fui muito grato por ter tido a oportunidade de estudar, de forma gratuita, meu instrumento na escola ainda como adolescente. Em 2012, em algum de nossos ensaios, meus superiores e colegas de trabalho, estavam recebendo um convite para monitorar alunos no CPMRG, no projeto Mais Educação. Nenhum deles teve interesse. Senti que, talvez, seria a oportunidade de repassar o que aprendi. Procurei a escola e de forma voluntária, comecei a lecionar os alunos do projeto.

Eram alunos de 10 a 12 anos de idade. Cheios de energia e disponibilidade. Tínhamos apenas instrumentos de percussão como: bombos, caixas, surdos e pratos. Eu estava muito feliz em ver o progresso desses adolescentes e me vi neles. Anos atrás era eu naquele lugar. Daí me surgiu a ideia de fundar, criar uma banda de música filarmônica. Igual aquela que eu ingressei com meus 12 anos de idade. Levei a ideia para direção militar e pedagógica que de imediato se prontificaram e começaram a sonhar juntos comigo. Foram muitas conversas e edição de projetos até que em dezembro de 2013, recebemos nossos primeiros instrumentos de sopro. Era o início de mais um sonho.

Sempre fui muito bem amparado por todos no CPMRG. Todos os professores, militares, funcionários e alunos, estavam sempre apoiando nossa banda. Sempre foi um sonho em conjunto. Nunca foi um projeto individual. A todo tempo era e é um projeto conquistado por todos. Eu apenas sou o idealizador e quem está à frente como maestro, aprendendo e repassando tudo que sei para nossos alunos. Fazendo com que eles tenham uma formação musical, de forma técnica, que podem levar como profissão caso assim o desejem, ou apenas usem como forma de hobby em seus momentos de lazer ou terapêutico na sua fase adulta. Já é mais que provado os benefícios do estudo de música na vida do ser humano e saber que, de alguma forma, eu estou ajudando a formar cidadão de caráter, me faz sentir realizado na minha missão.

Foto do ano de 2018 em uma apresentação da banda na área externa do CPMRG, sob o comando do maestro Samuel. Nesse período o colégio estava sob a direção do Diretor militar Reginaldo Moraes e do Diretor Adjunto Eduardo Sfalsin.

A única forma de ser aluno de um colégio da polícia militar na Bahia é por meio de sorteio eletrônico. Devido aos excelentes resultados do ensino nesses colégios, os pais desejam que seus filhos façam parte desse ensino, principalmente, por causa da disciplina imposta pelo modelo educacional. Mas, nem sempre é o desejo de seus filhos. Os pais os inscrevem e alguns, contra sua vontade pessoal, são obrigados a frequentar.

O regime é diferenciado e rígido. Os pais têm consciência da importância dessa disciplina na vida de seus filhos, por isso insistem em mantê-los na escola. A banda de música foi refúgio de muitos desses alunos. Alguns desses alunos permaneceram na escola só para pertencer a banda de música. Eles evoluem positivamente tanto na disciplina quanto nas atividades pedagógicas, conforme relato dos pais e dos professores. Vou citar um exemplo: Wendel entrou na escola no 6º ano, ano inicial do ensino fundamental II, contra a vontade pessoal dele. Era nítida a insatisfação. Ele começou a frequentar o projeto mais educação e, nas nossas aulas de música, começou a querer ir à escola. Tornou-se um aluno exemplar com boas notas, bom comportamento, assíduo, inclusive, por vários anos recebeu de mim um brinde por ter sido o aluno que nunca faltou à aula de música. Hoje, já fora da escola, pois terminou seu ensino médio, continua conosco tocando e ajudando. Como ele, temos vários outros exemplos de alunos que aprenderam a amar a música e manifestar seus sentimentos através do som.

    A escola sempre promoveu eventos de integração entre os alunos, professores e funcionários. Cito um, em específico, que foi um torneio de futebol. Aquele jogo seria a última vez que eu jogaria bola, infelizmente. No mesmo dia à noite, sofri um acidente que me deixou paraplégico. Fui condenado a viver o resto da vida numa cadeira de rodas.

Ao lado direito de Samuel está o então diretor militar Major Juarez Barbosa Rocha, que não está mais entre nós, por isso a importância deste registro de gratidão para esse bom ser humano que compôs habilmente a direção do CPMRG, lutou por sua saúde, recebendo o apoio de toda comunidade escolar. Ao lado esquerdo de Samuel, está Dinorá Madaly de Oliveira Leão, enquanto gestora ela se tornou uma boa amiga da banda de música. Ambos comprometidos em contribuir para a construção da melhor versão do CPMRG, juntamente com Lucimar e Vitor, cercados de alunos, fiéis escudeiros, protagonistas dos resultados positivos da banda da nossa escola.

  Muitas dúvidas se passavam em minha cabeça. Como eu iria trabalhar? Como eu iria dar aulas? Será que eu teria que me aposentar precocemente? Eu tinha apenas 36 anos de idade. Ainda tinha muito para aprender e ensinar. Como seguir em frente? Durante minha internação na UTI, solitário na maior parte do dia, esses pensamentos me atordoavam. Mas eu não estava sozinho. Sempre aparecia um funcionário, um enfermeiro, um médico, servidores trazendo mensagens de algum aluno. Eles eram pais, mães, tios, tias, ou apenas mensageiros dos alunos do CPMRG. Mensagens de otimismo que tudo ficaria bem. Que eles estavam orando e rezando por mim. Cada vez que chegava alguém dizendo que o aluno tal havia perguntado por mim, eu sentia que era amado, que eu era especial de alguma forma. E essas orações me fortaleceram. Quando retornei, algumas semanas depois, já na cadeira de rodas, fui recebido com muito carinho e afeto. Era uma nova vida. Uma nova forma de viver a vida. Tive apoio incondicional dos colegas e alunos. Segui em frente junto com eles. Adaptamos a sala de música para que eu pudesse ter uma acessibilidade, e continuamos o nosso trabalho. Não, o sonho não tinha acabado. Estava renovado e forte. Hoje, temos uma banda de música que é exemplo de superação, exemplo de cumplicidade, exemplo de perseverança. Ainda há muito para aprender e ensinar. E vamos conquistar cada vez mais, nossos objetivos porque somos fortes e unidos.

Sd PM Samuel Simão

"Desfila na avenida com graça e determinação!"

"O bom, o belo, o forte"

Somos todos unidos, passando pelos entraves da vida!

Cabo Marcelo e o Capitão Sfalsin, amigos se revezam ajudando Simão a vencer os obstáculos das ruas durante desfile de Sete de Setembro.

Existem momentos extremos que não entendemos os porquês das provas a que somos submetidos, e algo em nós se recusa a acreditar serem eventos aleatórios. Nosso âmago recusa a ideia que a vida é como uma loteria da sorte ou do azar. Mesmo quando recebemos viradas inesperadas do destino, que desconstroem todas as nossas certezas, alteram a percepção sobre nós mesmos, sobre nosso mundo e nossas convicções.

Esses porquês são questionamentos que apenas nos maltratam. Não encontramos respostas que nos convençam. Enquanto atravessamos nossos "vales da sombra e da morte", abandonar a necessidade dessas respostas, torna a travessia mais leve. A maneira como lidamos com os grandes desafios, parece crucial. Como atravessamos, quais sentimentos prevalecem em nós, geram a frequência que iremos sintonizar, o ritmo e direção a seguir. Em que lugar se aprende essas lições?

Assistir a apresentação de Simão soprando seu saxofone, depois do seu *acidente*, em uma das lives do Setembro Amarelo, promovida pela minha amiga e também professora de Educação Física do colégio Ana Rita Alves, através do SEFD/CPMRG, foi como testemunhar o ressurgir das cinzas do Maestro. Esse bom amigo e artista sensível, precisou reaprender a assoprar seu instrumento. Ele nos contou que os médicos do Hospital Sarah que cuidaram dele, se debruçaram para aprenderem como ajudá-lo. Eles queriam tentar devolver para Simão sua capacidade de tocar saxofone. Era a primeira vez que lidavam com um musicista de sopro. Eles estavam dispostos a aprender. Quem lhes ensinou a ir além, a se interessarem tanto pelo paciente? Médicos de um hospital que é público, é nosso, e em sua área, é referência de excelência na América Latina.

Quando nos vemos derrotados? Quando não há nada a ser feito? Podemos ser incríveis! Aprendemos a enxergar além dos olhos, a conviver com o improvável, a usar uma cadeira de rodas como pernas, a ficarmos unidos, mesmo isolados, a abraçar e acolher nossos pacotinhos de amor, presentes que nos elevam. E falando dessas coisas, em pé, num final de tarde, perto da rampa de acessibilidade construída para a sala do SEFD, com a colaboração dos alunos, o pôr do sol alaranjado fazia um efeito lindo através do crucifixo da igreja, elementos que compõem a paisagem ao fundo da quadra do colégio e lá estávamos papeando, toda equipe SEFD CPMRG Joadson Gomes, Tici, Noilma Novais, Ana Rita, Samuel e eu, cansados e felizes, recolhendo as bolas e mandando os alunos para casa: Nem mais um minutinho, já chega. Vão para casa. Uma sensação carregada de esperança pairava sobre nós. Como que concordássemos: A escola pública pode ser de excelência. É o ambiente em que nossos jovens ficam imersos na fase mais preciosa da formação humana, convivendo com muitas pessoas. Pessoas de todo jeito, juntos, professores, alunos, vidas, por tempo suficiente para aprender a aprender e aprender a ensinar, lições que sublimam e revelam nossa essência. A escola precisa ser cada vez mais protegida, preservada e amada.

  A Escola que aprendi a amar, e que provocou grandes mudanças em mim, é cheia de gente diferente, que pensa diferente, que provocou níveis de consciência desconfortáveis, e me fez acreditar que eu, enquanto professora, sou parte da mudança que quero e preciso ver na Educação. Essa escola pública me impeliu a lutar por ela. A me orgulhar das suas ações exitosas, da sua força transformadora, que pode salvar e curar feridas quando não há mais nada, ou pensamos que não haja. Sempre teremos a chance da renovação dos propósitos. Na harmonização entre militares, civis, alunos, professores, brancos, negros, disciplina e ternura, consolidamos um mundo cheio de possibilidades que nos envolve. Mundo subjetivo, dinâmico, fluido e consistente, que tentamos apresentar partilhando também nossas intimidades, nossas histórias, aos que agora seguram a última página, e primeira do novo que não podemos prever.

RASCUNHOS/IDEIAS/ANEXOS/APÊNDICES/ FOTOS/CARDS - PÓS CRÉDITOS

Janeiro de 2025, entre Salvador e Ilhéus,
Partilhando pensamentos,

Viver é uma dádiva! O extraordinário da vida é perceber que seu propósito maior está na simples labuta do cotidiano e nada mais. Assim mostram as histórias reais contadas nesse livro em seus vários relatos inspiradores que brotaram dos seus atores, quando simplesmente abraçaram as possibilidades e os desafios apresentados na caminhada, buscando fazer o melhor possível.

Em meio ao lançamento da primeira edição limitada do livro A vida tem um propósito maior, editora Oxente, em 17 de janeiro de 2024 no hall de entrada do gracioso teatro municipal de Ilhéus, espaço generosamente cedido por sua equipe gestora, vivi uma enxurrada de emoções junto com os autores Elaine, Pedro, Débora, Camila e Simão. Francamente, fomos surpreendidos pelo acolhimento afetuoso das pessoas que carinhosamente nos honraram com suas presenças. Vamos sempre nos comover com essas lembranças.

Senti fluir a energia linda e positiva que tudo envolveu, em cada detalhe, desde a preparação do evento, quando contei de perto com Paulinha e Sales na organização das ideias, para receber com amor as pessoas que foram nos abraçar. Pensamos em um arranjo de flores Fifa @ninafloresdesign trouxe um jardim inteiro em forma de vaso, uma bela seleção de músicas, lá estava a equipe do @djrogeriolago, o que servir? Decidimos por coisas que comemos na cantina das escolas, por isso não podiam faltar a mini banana real de Floresta Azul, o sorvete da Disbom, a deliciosa pipoca do saudoso Soró que em toda sua vida esteve presente na rotina de muitos alunos, com sua cadernetinha de "fiado" e sua empatia única... Mas, quero frisar que foram as gentes, alunos, professores, amigos, tantas pessoas queridas, família humana, que naquele momento deixaram tudo perfeito. Nunca sonhei com algo parecido. Só quero agradecer.

Preciso contar que de modo particular, eu estava à flor da pele. Especialmente pela notícia de que havia sido deferido pela SEC o meu pedido de remoção do Colégio da Polícia Militar Rômulo Galvão, para trabalhar em outra escola da rede estadual, na cidade de Salvador. Pedido pautado em fortes justificativas pessoais.

Convicções que me moveram para estar em 2024, entrando na sala da diretora de um colégio da capital, incrível, lindo!!! Sonho de qualquer professora da rede pública, sonho de todo aluno. Liliane Fonseca me conta que foi no "arriar das malas" que ela sentiu que eu poderia colaborar diretamente com sua gestão. Aceitei e embarquei nessa viagem de corpo e alma, como é bem do meu feitio. Aprendi muito! Chorei, sofri, sorri, acima de tudo experienciei depois de 25 anos em regência de classe, o que é estar segurando o leme de uma escola. Pude observar mais de perto o trabalho desenvolvido pelas pessoas na SEC para que a educação em nosso estado avance. Vi quão complexo é gerir tantas unidades e fazer chegar a todas, o essencial para seu bom desempenho, para os bons resultados, que sim, acredito, estão chegando.

Na Educação, todos os problemas e questões são macro e não há uma fórmula mágica. Nossos alunos têm necessidades especiais, não tem limite de idade, vem de muitos mundos e vivências, acredite, muitos ainda vão para escola por causa da merenda, que hoje em dia é servida com fartura! Ahh as pessoas da cozinha! Tiro meu chapéu, e aplaudo com coração em festa!

A messe é grande, aliás enorme, e os operários de boa fé e boa vontade são poucos, vindo também, de situações adversas, bem difíceis, com grandes necessidades, superando desafios diários para realizarem o que tem feito por nossas escolas. Em honra a esses virtuosos servidores e prestadores de serviço da Secretaria de Educação do estado da Bahia, deixo registrada minha reverência e admiração. Há muita gente boa trabalhando em todos os níveis hierárquicos inspirando pessoas como eu, que estão no chão da escola, no dia a dia, sem desistir e se animando umas com as outras. Gestar... é mesmo dar à luz. Difícil missão, muitas vezes mal compreendida. Tudo certo na Bahia? Ainda não. Mas, vai ficar! Desejo e rezo, junto com um batalhão de homens e mulheres bem aventurados, para que assim seja, que brilhemos!

Estou em mais um Janeiro, elaborando as tantas histórias vividas no último ano, cheia de expectativas para o lançamento de um novo livro, esperando para poder retornar para Ilhéus e continuar a aprender o que preciso, oferecendo em troca esse meu jeito, cheio de vontade de acertar e muito para lapidar. Assim, meio que De Asinha Quebrada, renovando os propósitos, colocando emoções em forma de texto, na esperança de contribuir para reflexões e quem sabe, inspirar.

Por isso, agradeço!

Fernanda Kruschewsky Pedreira da Silva
13/01/2025

Ilhéus, 15 de Março de 2022
A quem possa interessar,

Sou professora da rede estadual de ensino da Bahia, desde 1998. É uma honra. Há mais de 14 anos, componho a equipe de professores do Colégio da Polícia Militar de Ilhéus, Bahia.

Logo que cheguei nesse colégio, me deparei com uma realidade inédita, que muito me surpreendeu positivamente! Aqui nesse CPM a Educação Física era valorizada! Havia um departamento próprio de Educação Física. Com um militar à frente, graduado na área. Com a responsabilidade de coordenar as aulas, garantindo a qualidade pedagógica e também disciplinar. O que me fez entender de uma vez por todas que para a Educação ter êxito, essas qualidades precisam caminhar juntas (Talvez, sejam esses, alguns dos ingredientes mais importantes, do sucesso da rede militar de ensino). O coordenador que esteve à frente por mais tempo foi o Sg Mário Campos Neto. Construímos uma relação de trabalho com foco centralizado em promover a melhor Educação Física para os alunos e valorizar os professores. Claro que tivemos discordâncias, em alguns momentos. Discordar é para os fortes! Mas, nosso foco sempre nos realinhou. Encontrar pontos de equilíbrio, é para os humildes!

Dessa etapa temos um saldo bastante positivo. A escola deu as mãos ao curso de Educação Física da UESC, durante todos esses anos. A presença de professores incríveis da Universidade, bem como a convivência com seus estudantes, super bem orientados, cheios de ideias e vontade de viver o "chão da escola" propiciou um repensar e reafirmar das práticas pedagógicas valorosas desempenhadas pela equipe de professores. Equipe formada por militares e civis, como por exemplo, Ticiana Belmonte, Fábio Coelho, Ana Rita Alves, Orlando Júnior, Noilma Novais, Joadson Gomes, Samuel Simão, esses são alguns nomes que adoro citar. Acredito que aqueles que escolhemos caminhar juntos, constroem um pouco em nós. Gratidão.

O colégio oportunizou cerca de nove modalidades esportivas, além da educação física escolar. Um marco na região.

Outro ponto maravilhoso que observei, logo que cheguei no CPM de Ilhéus, foi que as aulas de Educação Física aconteciam em turno oposto. **Infelizmente, agora em 2022, tiraram de nós esse diferencial positivo.** Uma verdadeira perda. Um enorme retrocesso. Vou tentar desenhar:

Nós sabemos das dificuldades financeiras dos nossos alunos da rede pública. Muitos, não têm a oportunidade de vivenciar o esporte. E aqui, eles tinham o privilégio de ir para escola, para desfrutarem dessas práticas, que dispensam apresentação dos seus benefícios para a saúde mental e física. Ressalto que me refiro ao *esporte da escola*. Esses benefícios são de conhecimento de todos, tem respaldo científico e já são reconhecidos como parte dos alicerces para a saúde pública. Os alunos podiam ir no turno oposto ao das aulas convencionais, apenas para a Educação Física. Uma ou duas vezes por semana. Tendo incentivo à prática, combatendo o sedentarismo e construindo relações sociais e hábitos, longe das drogas, mais perto da escola.

Sabemos da importância de construir boas memórias. Todo adulto, sabe disso. Quantas vezes recorremos às nossas boas lembranças da juventude? Me pego dizendo: No meu tempo, em minhas aulas de Educação Física com a professora Marta, fiz tantas amizades, era tão bom... A escola é o maior e melhor espaço para construção de boas vivências. Qual é o legado que os professores podem deixar, se não a oportunidade de uma vida cheia de VIDA?!

A maioria dos nossos jovens não têm a oportunidade de vivenciar sua participação em uma competição esportiva ou até mesmo de assistir a um evento esportivo. Em nossa rede tínhamos os JERPS, agora JEB. Tão importante e necessário. Participamos de todas as competições, levando mais de duzentos alunos para viverem essa experiência. Temos uma coleção de vitórias.

Para compreender a importância disso, basta tentar ver também as possibilidades do alcance da Educação Física, para além dos muros do colégio. 2022 será o primeiro ano que não participaremos dos jogos promovidos pela rede estadual. A Educação Física do CPM semeou INCLUSÃO, PRÁTICAS INOVADORAS, PARTICIPAÇÃO EM TODAS AS EDIÇÕES DOS JERPS, TORNEIOS INTERNOS: ATLETISMO, INTEGRAÇÃO E TORNEIO DAS CORES, TORNEIOS ENTRE COLÉGIOS, SEMINÁRIOS, PALESTRAS, FESTIVAL DE DANÇA... foram algumas das ações exitosas vividas por nós.

Durante 2020 e 2021, nos anos incertos da Pandemia da COVID, atuamos de modo brilhante! Mesmo quando não havia a obrigatoriedade das aulas virtuais. Tivemos GINCANA VIRTUAL, SETEMBRO AMARELO, DESAFIOS DE YOGA VIRTUAL, CAPOEIRA VIRTUAL, PALESTRAS SOBRE LUTAS, JUNÇÃO DE DISCIPLINAS COMO: A MATEMÁTICA NA QUADRA DE BASQUETE, live pelo YouTube, com CPM de Itabuna: *"A Relação Humana, com Animais Domésticos - significados e responsabilidades"*.

Insistimos em preservar a qualidade, mesmo na adversidade. Mérito de professores civis e militares que temos o PROPÓSITO de fazer a diferença. Fazer o melhor possível. E aqui estamos. Agora, com um nó na garganta. Um gosto amargo, de estarmos sendo desprestigiados. Nossa unidade está em obra de uma quadra e campo de futebol. E nossas aulas práticas foram suprimidas. Não temos mais a Educação Física no turno oposto. Inviabilizando nosso alcance de vivências pedagógicas. Me sinto impotente. Só me resta escrever. Me sinto desmotivada. Só me resta encontrar vontade nos olhinhos que sempre me moveram. Fica aqui meu último apelo. Não consigo acatar essa determinação que desconsidera a opinião de professores, militares e alunos que prezam pela Educação Física de qualidade no melhor colégio público de Ilhéus.

Fernanda Kruschewsky

Ilhéus, 04 de maio de 2022
A quem possa interessar,

Sou professora de Educação Física da rede estadual de ensino da Bahia, desde 1998. Uma honra! Amo e acredito na Educação Pública de qualidade. Leciono no Colégio da Polícia Militar Rômulo Galvão há mais de 14 anos. É um colégio que tem se destacado muito positivamente, estando entre as 3 melhores escolas privadas e **sempre no primeiro lugar entre as escolas públicas da cidade de Ilhéus. A premissa de que cada unidade tem suas peculiaridades, que devem ser respeitadas, mesmo sendo rede, é o que permite ao CPM ser destaque. Equidade!**

O sucesso desta unidade se deve a um trabalho duro, colaborativo, crítico, insistente, severo e amoroso. Como acontece com nossa bela banda de música, somos como instrumentos distintos, que vão se afinando para que saia o mais belo som. No desafio dessa afinação, militares, professores, gestores, funcionários e coordenadores, temos em comum o foco no aluno. Haja debate! Haja esforço! Haja vontade! Pois, como se pode imaginar, promover uma boa educação pública é quase um milagre!

Nosso quadro **HUMANO**, é composto por maioria de professoras civis, e grande equipe disciplinar de militares, que exalam competência e comprometimento com o Colégio, seu regimento militar e suas especificidades. Recebemos alunos desde o **sexto ano do Ensino Fundamental II, até o terceiro ano do Ensino Médio**. Ter a grande responsabilidade na formação de jovens a partir dos 10 anos de idade, até seu último ano de formação básica, requer o melhor de cada um de nós, todos os dias, durante todo ano letivo.

Recebendo alunos no sexto ano, iniciamos sua inserção no ambiente do nosso CPM, com seus valores dignificantes e cada vez mais inclusivos, iniciando-se um processo pedagógico que visa revelar o melhor em cada um deles. Construindo passo a passo, alicerces de valores formativos para além dos conteúdos e componentes curriculares. Valores que precisam ser protegidos, aprendidos e incentivados. Valores que em outros ambientes parecem negligenciados. Tenho percebido um movimento planejado para a **retirada do Ensino Fundamental II** das unidades de ensino da rede pública do estado. Entregando esses alunos à responsabilidade dos municípios. Preciso acreditar que esta ação tem um propósito maior, pensado no bem maior da Educação e da vida desses jovens. Mas, francamente, não consigo enxergar como isso será possível, já que verificamos tantas deficiências nas escolas do município. É chocante a quantidade de alunos que recebemos em nossa unidade, que não tem domínio das lições básicas do escrever e do calcular. **Retirar o Ensino Fundamental II da nossa unidade seria um retrocesso, uma grande tristeza para nossa cidade. Seria amputar nossas asas.**

Por isso, venho apelar para quem possa se interessar, e que ama Educação. Venho apelar a quem ama nossos CPMs. **Que seja garantida autonomia aos Colégios Militares.** Pela sua não desconstrução. Pelo respeito ao seu regimento. Àqueles que hoje sabem que suas trajetórias de vidas teriam sido bem diferentes se não tivessem estudado em um CPM. O CPM é mais que um Colégio. É uma oportunidade de VIDA!

Prof Fernanda Kruschewsky

Amistoso com os operários que estavam trabalhando na construção da quadra e campo society
13/05/2022

A canção "Cidadão" na voz de Zé Ramalho vinha aos meus ouvidos enquanto eu via os operários da obra trabalhando dentro da nossa escola. Os alunos e operários abraçaram a ideia e jogaram juntos, num fim de tarde.

Rascunho, para nortear minha fala no lançamento do livro que minha amiga Ana Rita tanto me incentivou a participar
2023

Bom dia a todos!

"Experiências vividas com itinerários, no chão da escola e na escrita do capítulo do livro "Itinerário Formativo, pesquisa e autonomia: práxis de novas arquiteturas curriculares no novo ensino médio da Bahia."

(Foram 2 capítulos escritos em representação ao CPMRG. Por Dinorá Madaly de Oliveira Leão e outro, pela dupla de professoras Ana Rita Alves S. Silva e Fernanda Kruschewsky Pedreira da Silva)

Me chamo Fernanda Kruschewsky, sou professora de Educação Física do colégio da Polícia Militar Rômulo Galvão, da cidade de Ilhéus, interior da Bahia.

Estou aqui para participar deste momento prestigiando o trabalho dessa obra em conjunto, e ainda, representando duas grandes colegas também autoras: Dina Leão e Ana Rita Alves.

Dina foi gestora pedagógica nos anos de _____ até _____. Anos que incluíram a Pandemia.

Tenho a satisfação de reproduzir sua mensagem neste dia solene, ela nos diz:

"É com muita alegria que vivemos esse momento. Quero agradecer o convite para participar dessa construção que é de grande importância para a história da Educação de nosso Estado. O registro de tantas experiências maravilhosas. O registro de um processo inovador, repleto de desafios, que nos trouxe tantas angústias, mas também tanta superação! Esse livro é um marco na história dos CPMs. Provamos que podemos sim construir uma Educação de Excelência com base na pesquisa, no estudo, no trabalho em equipe, com práticas inovadoras e principalmente na análise sobre a construção de um Novo Ensino Médio. Parabéns a todos os autores e organizadores desse livro. Obrigada."

    Breve apresentação, se necessário, com áudio descrição, como já me apresentei, sou Fernanda, morena, tenho cabelos e olhos pretos, meus cabelos estão bem curtos... Bom... na verdade, em minha áudio descrição, eu gostaria que além de perceberem minhas características físicas, eu gostaria mesmo que sentissem um pouco da minha alma, com seus olhos generosos, para que eu possa chegar aos seus corações.

    Então... por favor, apenas imaginem uma professora já com 25 anos de Educação. 15 anos, dedicados ao CPMRG, na cidade de Ilhéus, decidida a tornar seus últimos anos em Educação, os mais incríveis! Somente para devolver ao universo, todo o bem, todos os frutos que puder, por tanto que recebi. **Através do meu trabalho, criei três filhas**, em um lar especialmente feminino. Ser servidora pública me deu segurança. E **ser professora** de **Educação Física**, dos sextos anos, recebendo nossos pequenos alunos boinas azuis e dos terceiros anos do ensino médio, foram e são minhas **belas fontes de afeto e ternura**.

    1 As **escolas militares, tiveram grande participação** na história da Educação Física. Por isso, naturalmente a disciplina (ou componente curricular), passa a ser ministrada com forte inspiração militarista nas escolas brasileiras. Hoje, vemos dentro das escolas militares, mais de um século depois, professores civis, e novas abordagens sendo implementadas nos CPMs.

O **quartel se abre** para aprender o que temos a oferecer, e também para nos ensinar grandes lições. **Creio que essa troca é o segredo do sucesso dos colégios militares.**

2 A vida é mesmo surpreendente. Ela sempre nos oferece a medida perfeita para nosso crescimento (E isso se aplica, nas relações e nas instituições, desde as mais simples até as imponentes). Mostrando que somos incompletos, quando em nossas bolhas, instáveis em nossas certezas, insensíveis em nossas convicções de força.

Fato é que fazemos muito mais bonito quando nos unimos. Que a combinação das redes permaneça saudável. Assim, o convite para escrever nesta coletânea de autores reflete a vitória dessa aliança: civis e militares em um propósito maior de Educação.

A experiência única que a vida me ofereceu, em **trabalhar num colégio** tão diferente de todos que eu já havia conhecido, com suas normas, regimentos e peculiaridades... Um colégio cheio de possibilidades, uma verdadeira fortaleza de proteção aos valores que nos fazem humanos melhores... Um colégio idealizado, como que: DE PAI PARA FILHO, **foi um verdadeiro presente!**

Em toda sua criação, o colégio foi pensado em promover a excelência. Encontrar um setor responsável por todos os assuntos relacionados à Educação Física, foi simplesmente MARAVILHOSO. Chego a pensar que todas as escolas deveriam ser assim. Toda escola deveria ter um **SEFD**.

Além disso, as duas **aulas** semanais de **Educação Física, em turno oposto,** para os alunos terem o conforto de vivenciarem os esportes e as propostas pedagógicas a eles oferecidas, em uma cidade do interior da Bahia. Isso era um privilégio.

Contabilizemos ainda, o uniforme adequado, ambiente seguro para trabalhar, suporte do CA, chefe de setor... espaço para guardar nossos materiais...

Uau!!!! Dizer o que?! Que tal, aplaudir e agradecer?

O SEFD de Ilhéus tem uma equipe de pessoas extraordinárias, professores, coordenadores, civis e militares, que sempre buscaram alinhamento. Especialmente, nas divergências.

Hoje, na pessoa de Joadson (militar) encontramos um verdadeiro coach motivacional e grande articulador de projetos sempre disponível. Temos o maestro da banda (militar), com quem já desenvolvemos projetos usando a música para ampliar nossos saberes.

Um corpo docente, inspirador, proativo e unido. Que sonha e faz. Então, temos boas e ousadas histórias.

A autora Ana Rita Alves, com quem pude contribuir na construção de um dos capítulos deste livro, realizou edições de lives do Setembro Amarelo, é uma entusiasta da Educação Física. Uma pessoa preparada e competente. Ela foi a pedra fundamental deste processo. A ela, agradeço!

Aliás, **quando começamos a escrever? Como se deu esse processo? Se pensarmos bem, a parte mais profunda, a essência, está nas ideias. E muitas observações já vinham sendo formadas em nossas reuniões, com todas as áreas**, com muitos debates, com reflexões e contrapontos. O grande passo, seria colocar no papel.

Vivenciar a implementação dos Itinerários Formativos foi uma grande responsabilidade, um grande desafio. Toda escola estava temerosa. Não só por ser algo inédito, mas, pela fragilidade dessa implementação. E nós da Educação Física, percebemos que não tínhamos o lastro estrutural que precisávamos. Se conseguimos, foi por essa soma de apoio. Maiara Hora, muito obrigada! Gratidão a todos, especialmente ao CPMRG.

Para finalizar, serei agora, porta voz de Ana Rita, que sabiamente, vem dizer:

"""Gratidão a Deus pela oportunidade, gratidão a todas as mãos que permitiram este trabalho acontecer.

Escrever este artigo foi desafiador. Em plena pandemia, não seria fácil escrevê-lo, mas assim como foi grande o desafio foi de igual proporção o prazer de debruçar sobre as inovações do novo ensino médio e analisá-lo a partir da nossa realidade CPM ILHÉUS e sua Educação Física pujante.

As análises e descobertas da nova proposta, nos trouxeram reflexões e apontaram novos caminhos no novo fazer da Educação Física no Ensino Médio.

Embora não tenhamos uma conclusão absoluta, já percebemos que a nova proposta apresenta espaços que permitem, novas reflexões sobre a indispensabilidade da Educação Física para a formação humana.

As práticas exitosas requerem a preservação da carga horária do componente curricular EF em todas as séries do Ensino Médio e a presença do esporte em turno oposto para além da Educação Física escolar.

A capacidade holística deste componente curricular, Educação Física, requer do novo Ensino Médio a preservação dos seus fazeres e saberes em seu espaço educacional.

Felizmente, a rede CPM mantém o Setor de Educação Física e Desporto, permitindo de maneira coletiva, harmônica e integrada o fazer pedagógico da cultura corporal do movimento. Possibilitando aos educandos uma melhor formação enquanto sujeitos protagonistas da corporeidade.""""

Ana Rita Alves
Espc Met Educação Física Escolar.

Em nome da autora Ana Rita, e em meu nome:
A todos muito obrigada.

SEGUEM OS CARDS DAS NOTAS DAS AVALIAÇÕES NACIONAIS DO CPMRG EM ASCENSÃO

CARD DE UMA DAS LIVES PROMOVIDAS PELO SEFD, IDEALIZADA PELA PROFESSORA ANA RITA ALVES

NA SEQUÊNCIA, CARDS DA LIVE "REFLEXÕES SOBRE A RELAÇÃO HUMANA COM ANIMAIS DOMÉSTICOS, SIGNIFICADOS E RESPONSABILIDADES" PROMOVIDA PELO SEDF E COORDENAÇÃO PEDAGÓGICA DO CPMRG, IDEALIZADA PELA PROFESSORA FERNANDA KRUSCHEWSKY, COM CONVIDADOS ESPECIAIS DO CPM DE ITABUNA, UESC E ONG PLANETA DOS BICHOS

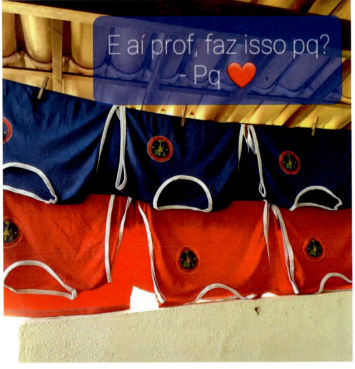

LEVAMOS MUITAS TAREFAS PARA NOSSAS CASAS. POR AMOR?
E POR QUE NÃO?